AF176266

Impressum
Verlag: BABADADA GmbH, Nedderfeld 112 , 22529 Hamburg
Geschäftsführer / Verlagsleitung: Harald Hof
Druck: Books on Demand GmbH, In de Tarpen 42, 22848 Norderstedt

Imprint
Publisher: BABADADA GmbH, Nedderfeld 112 , 22529 Hamburg, Germany
Managing Director / Publishing direction: Harald Hof
Print: Books on Demand GmbH, In de Tarpen 42, 22848 Norderstedt

colegio

ishuri

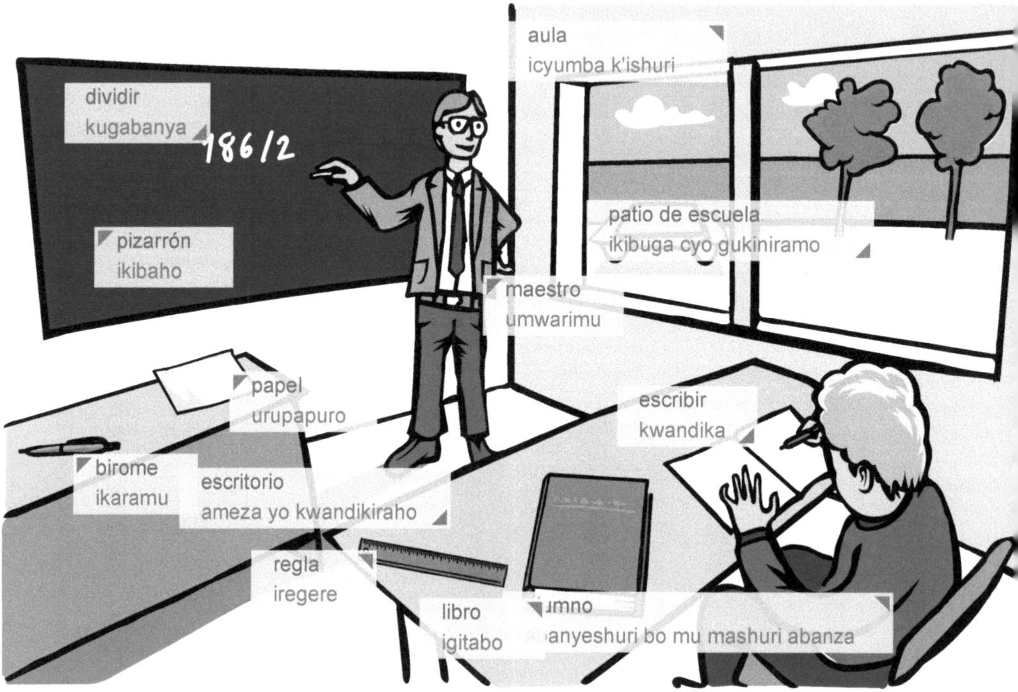
aula
icyumba k'ishuri
dividir
kugabanya
186/2
pizarrón
ikibaho
patio de escuela
ikibuga cyo gukiniramo
maestro
umwarimu
papel
urupapuro
escribir
kwandika
birome
ikaramu
escritorio
ameza yo kwandikiraho
regla
iregere
libro
igitabo
umno
anyeshuri bo mu mashuri abanza

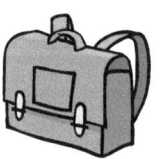

mochila

agahago k'ishuri

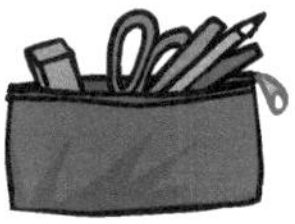

caja de lápices

agasanduku k'amakaramu y'igiti

lápiz

ikaramu y'igiti

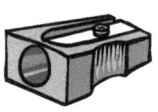

sacapuntas

tayekereyo

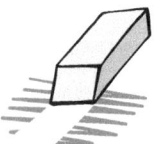

goma (de borrar)

igome

bloc de dibujo

ikayi yo gushushanya

dibujo

igishushanyo

pincel

uburoso bwo gusigisha

caja de pinturas

agasanduku k'amarangi y'amabara

tijera

umukasi

pegamento

kore

cuaderno de ejercicios

ikayi y'imyitozo

tarea

umukoro w'imuhira

número

umubare

sumar

guteranya

restar

gukuramo

multiplicar

gukuba

calcular

kubara

letra

ibaruwa

abecedario

inyuguti uko zikurikirana

palabra

ijambo

texto

umwandiko

leer

gusoma

tiza

ingwa

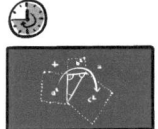

lección

isomo

cuaderno de clase

igitabo cyo
kwiyandikishamo

examen

ikizami

certificado

impamyabumenyi

uniforme escolar

umwambaro w'ishuri

educación

uburezi

enciclopedia

inkoranyamagambo

universidad

kaminuza

microscopio

mikorosikope

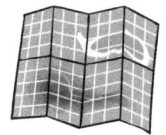

mapa

ikarita

tacho (de basura)

pubere

viaje
urugendo

hotel
hoteli
Grand
hostel
inzu y'amacumbi
ROOMS
EXCHANGE
casa de cambio
ku muvunjayi
valija
ivarisi
auto
imodoka

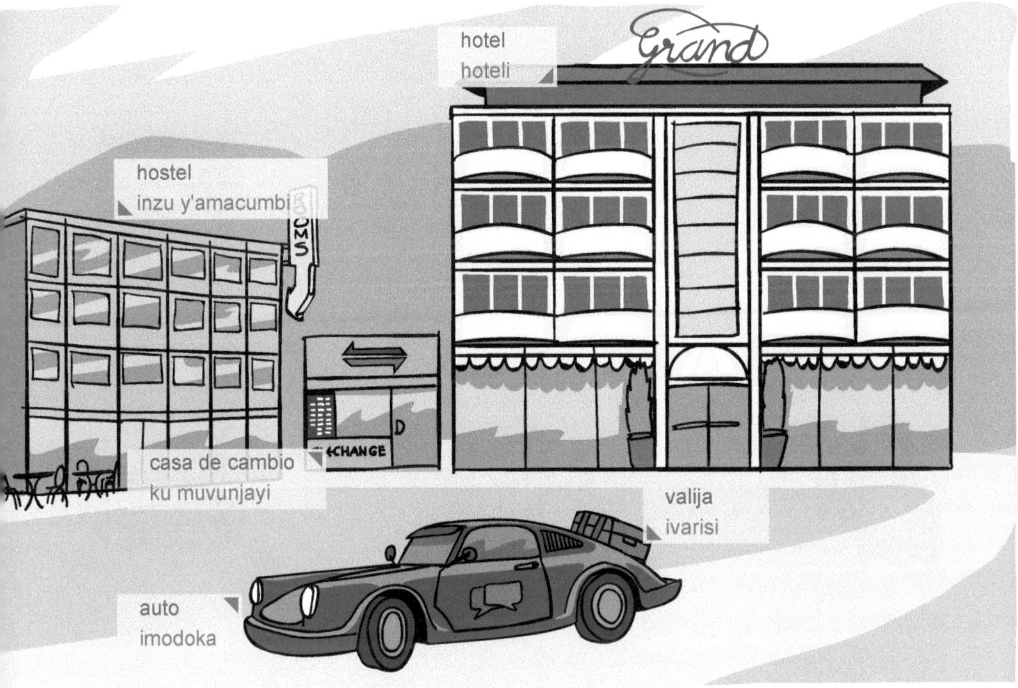

idioma

ururimi

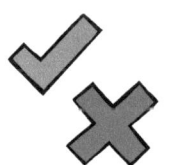

sí / no

yego / oya

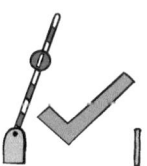

Está bien

Yego

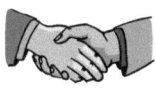

hola

bite

traductor

umusemuzi

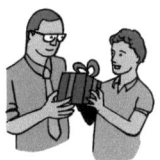

Gracias

Murakoze

¿cuánto cuesta...?

ni angahe...?

No entiendo

Sinsobanukiwe

problema

ikibazo

¡Buenas tardes!

wiriwe!

¡Buenos días!

Waramutse

¡Buenas noches!

Ijoro ryiza

adiós

bayi

dirección

ikerekezo

equipaje

imizigo

bolso

igikapo

mochila

igikapo baheka

invitado

umushyitsi

habitación

icyumba

bolsa de dormir

agafuko baryamamo

carpa

ihema

información turística

ʼnakuru y'ahasurwa na ba mukerarugendo

playa

ku musenyi wo ku mazi

tarjeta de crédito

ikarita ya banki

desayuno

ifunguro ryo gusamura

almuerzo

ifunguro rya ku manywa

cena

ifunguro rya nimugoroba

pasaje

itike

ascensor

asanseri

sello

itembure

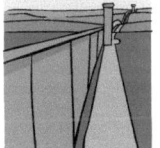

frontera

umupaka

aduana

gasutamo

embajada

ambasade

visa

viza

pasaporte

pasiporo

transporte

gutwara abantu n'ibintu

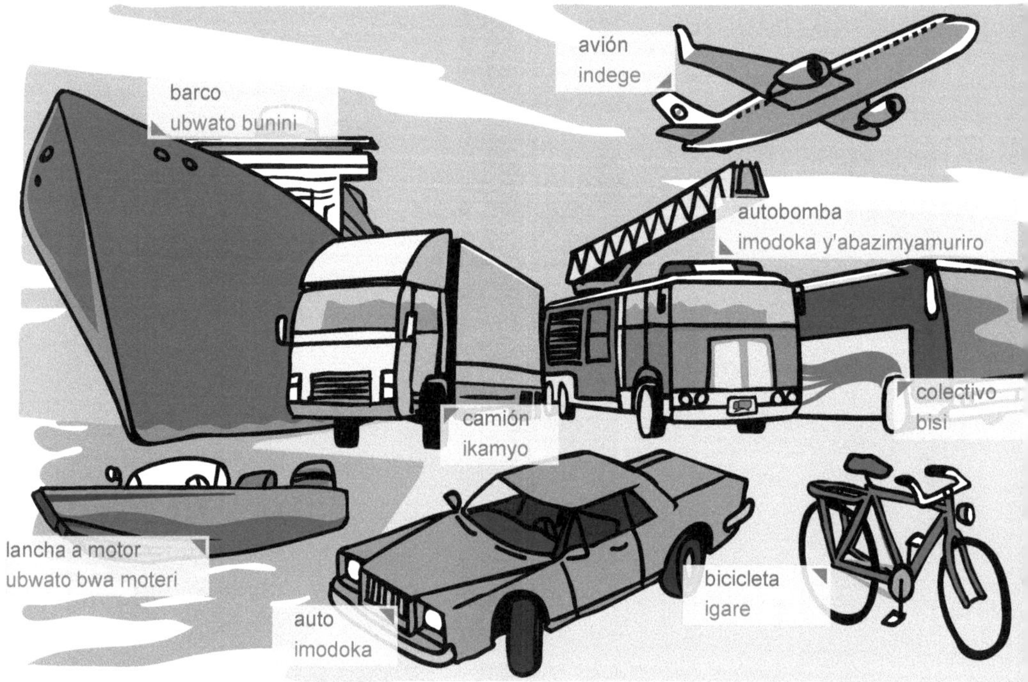

avión
indege
barco
ubwato bunini
autobomba
imodoka y'abazimyamuriro
colectivo
bisi
camión
ikamyo
lancha a motor
ubwato bwa moteri
bicicleta
igare
auto
imodoka

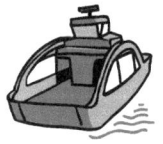

ferry

ubwato bwambutsa imizigo n'abantu

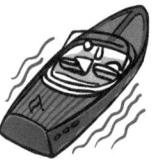

bote

ubwato

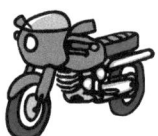

moto

ipikipiki

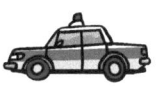

patrullero

imodoka ya polisi

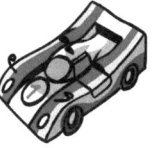

auto de carreras

imodoka ya kuruse

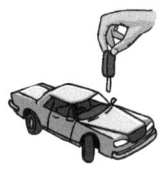

auto de alquiler

imodoka ikodeshwa

alquiler de autos
gusangira imodoka

grúa
imodoka iterura izindi

camión de basura
imodoka iyora imyanda

motor
moteri

nafta
lisansi

estación de servicio
sitasiyo ya lisansi

señal de tránsito
icyapa kiyobora imodoka

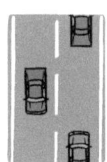

tránsito
urujya n'uruza rw'imodoka

embotellamiento
ambuteyaje

estacionamiento
parikingi y'imodoka

estación de tren
gare ya gariyamoshi

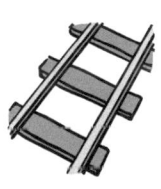

vías
inzira ya gariyamoshi

tren
gariyamoshi

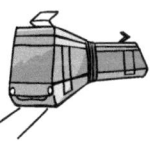

tranvía
bisi ikoresha
amashanyarazi

vagón
agatete k'imizigo gakururwa
n'imodoka

helicóptero

kajugujugu

aeropuerto

ikibuga k'indege

torre

umunara

pasajero

umugenzi

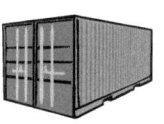

contenedor

konteneri

caja de cartón

ikarito

carretilla

akagorofani ko mu iduka

canasta

agaseke

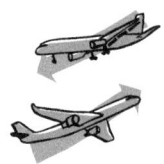

despegar / aterrizar

kuguruka / kururuka

ciudad
umugi

pueblo

umudugudu

centro de ciudad

mu mujyi rwagati

casa

inzu

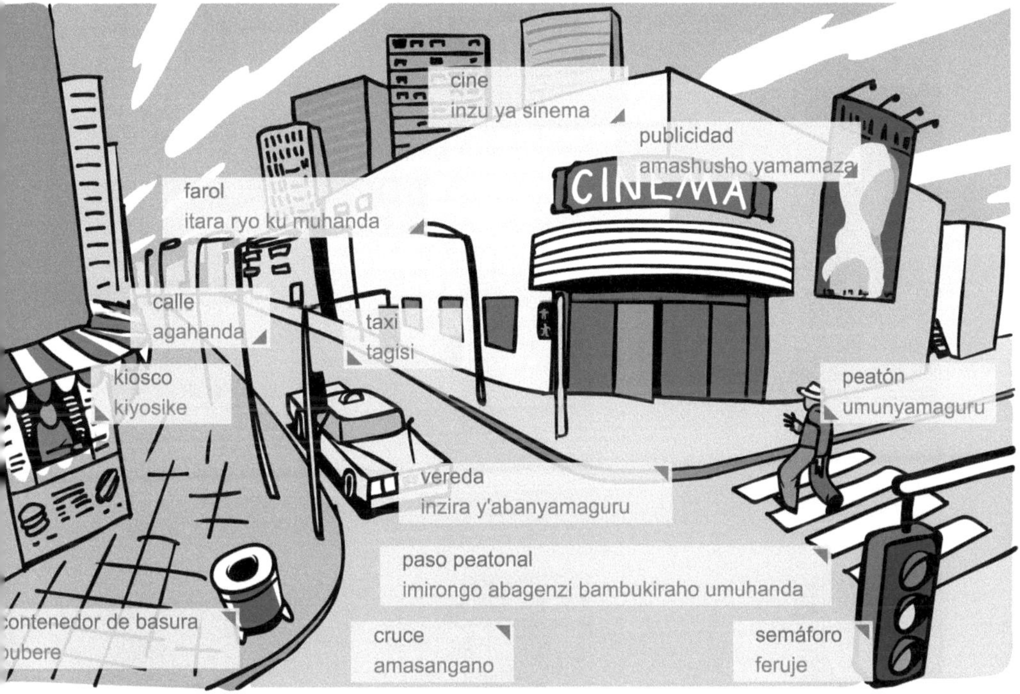

cine
inzu ya sinema

publicidad
amashusho yamamaza

farol
itara ryo ku muhanda

calle
agahanda

taxi
tagisi

kiosco
kiyosike

peatón
umunyamaguru

vereda
inzira y'abanyamaguru

paso peatonal
imirongo abagenzi bambukiraho umuhanda

contenedor de basura
ubere

cruce
amasangano

semáforo
feruje

cabaña
akaruri

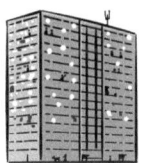

departamento
inzu ifatanye n'izindi

estación de tren
gare ya gariyamoshi

municipalidad
ibiro bya meya

museo
inzu ndangamurage

colegio
ishuri

universidad
kaminuza

banco
banki

hospital
ibitaro

hotel
hoteli

farmacia
farumasi

oficina
ibiro

librería
inzu bagurishirizamo ibitabo

negocio
iduka

florería
umucuruzi w'indabo

supermercado
amangazini manini

mercado
isoko

grandes tiendas
idepo

pescadería
umucuruzi w'amafi

centro comercial
iduka rinini

puerto
icyambu

parque

parike

banco

intebe y'urubaho

puente

iteme

escaleras

amadarajya

subte

inzira yo munsi y'ubutaka

túnel

umuhanda wo munsi y'ubutaka

parada del colectivo

icyapa cya bisi

bar

bare

restaurante

resitora

buzón

gasanduku k'amabaruwa

letrero

icyapa cyo ku muhanda

parquímetro

mubazi ya parikingi

zoológico

zoo

pileta

pisine

mezquita

umusigiti

granja
ifamu

contaminación
kwangiza umwuka

cementerio
irimbi

iglesia
ikiriziya

juegos infantiles
ikibuga k'imikino

templo
urusengero

paisaje
umurambi

hoja
ikibabi

poste indicador
icyapa kiyobora

camino
inzira

pradera
umukenke

piedra
ibuye

árbol
igiti

excursionista
umuntu utembera mu misozi

río
umugezi

hierba
ibyatsi

flor
indabo

valle

ikibaya

montaña

agasozi

lago

ikiyaga

bosque

ishyamba

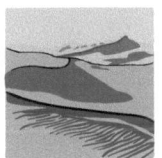

desierto

ubutayu

volcán

ikirunga

castillo

ingoro

arco iris

umukororombya

champiñón

icyobo

palmera

ikigazi

mosquito

umubu

mosca

isazi

hormiga

intozi

abeja

uruyuki

araña

igitagangurirwa

escarabajo

ikivumvuri

rana

igikeri

ardilla

inkima

erizo

imbuni

liebre

urukwavu

lechuza

igihunyira

pájaro

inyoni

cisne

igishuhe

jabalí

isatura

ciervo

ingeragerc

alce

impongo

presa

urugomero

aerogenerador

igipanga kikaraga kikazana
umuyaga

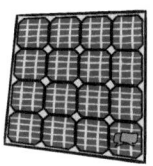

panel solar

urubaho rukurura imirasire

clima

ikirere

restaurante
resitora

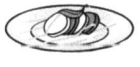

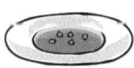

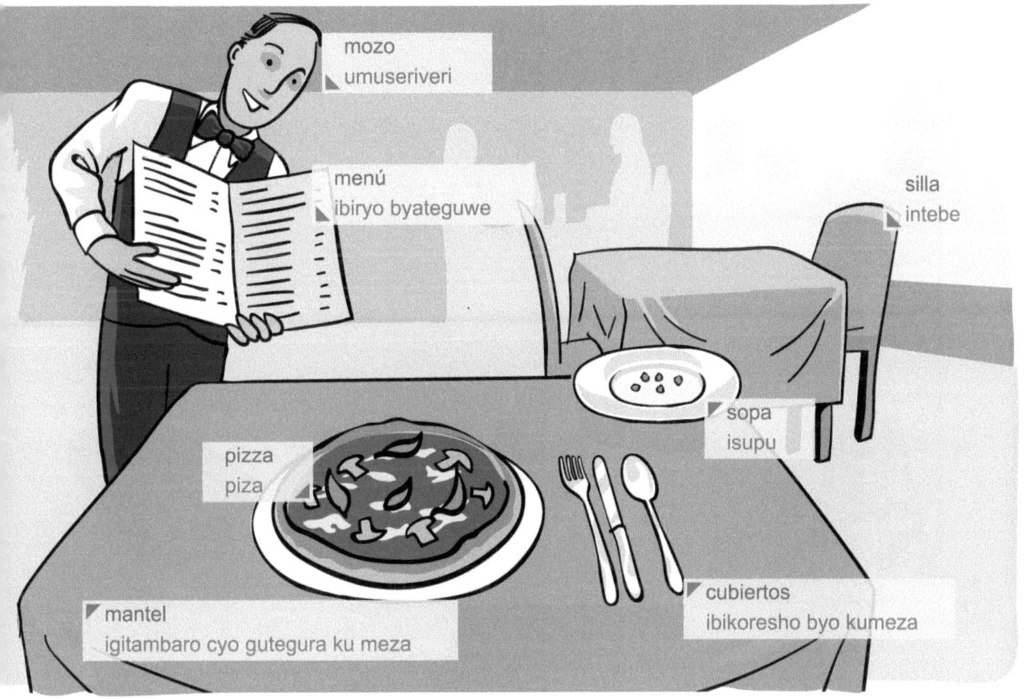
mozo
umuseriveri
menú
ibiryo byateguwe
silla
intebe
sopa
isupu
pizza
piza
cubiertos
ibikoresho byo kumeza
mantel
igitambaro cyo gutegura ku meza

entrada
aperitifu

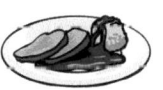

plato principal
isahani nkuru

postre
deseri

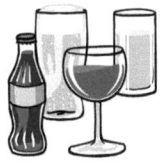

bebidas
ibinyobwa

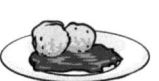

comida
ibiribwa

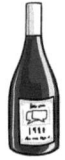

botella
icupa

comida rápida

ibiryo barya bagenda

comida callejera

ibiryo byo kumuhanda

tetera

ibirika y'icyayi

azucarera

agakombe k'isukari

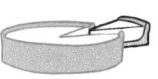

porción

isahani y'ibiryo

cafetera expreso

imashini y'ikawa ya esipereso

sillita alta

intebe ndende

cuenta

inyemezabuguzi

bandeja

ipurato

cuchillo

icyuma

tenedor

ikanya

cuchara

ikiyiko

cucharita

akayiko k'icyayi

servilleta

seriviyete

vaso

ikirahure cyo kunywesha

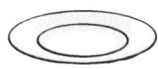

plato
isahani

plato hondo
isahani y'isupu

plato
agasutasi

salsa
isosi

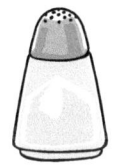

salero
agacupa k'umunyu

molinillo de pimienta
agasekuru k'urusenda

vinagre
vinegere

aceite
amavuta

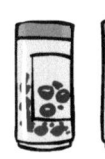

especias
ibirunge

kétchup
kecapu

mostaza
mutaride

mayonesa
mayonezi

supermercado
amangazini manini

oferta especial
igiciro kidasanzwe
cliente
umukiriya
lácteos
ibiva mu mata
FOR
fruta
imbuto
changuito
akagorofani ko mu iduka

BUTCHERS

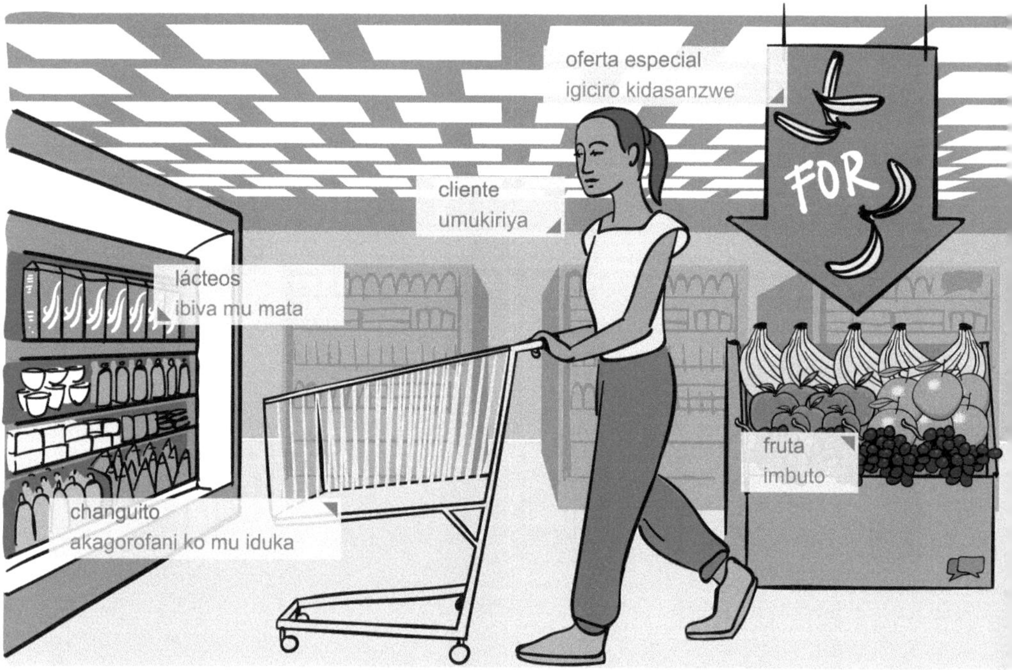

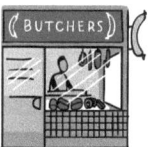

carnicería
busheri

BAKERY

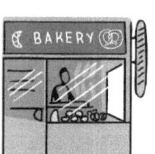

panadería
buranjeri

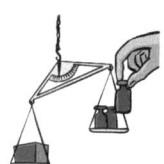

pesar
gupima ibiro

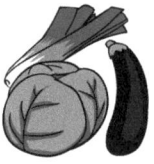

verduras
imboga

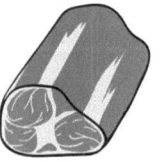

carne
inyama

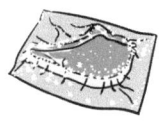

alimentos congelados
ibiryo bakonjesheje

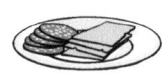

fiambres

inyama zikonje

alimentos enlatados

ibiryo byo mu makopo

detergente en polvo

isabune y'ifu

golosinas

bombo

electrodomésticos

ibikoresho byo mu rugo

productos de limpieza

imiti isukura

vendedora

umucuruzikazi

caja

kukesa

cajero

umubitsi

lista de compras

urutonde rwo guhaha

horario de atención

amasaha haba hafunguye

billetera

ipotomoni

tarjeta de crédito

ikarita ya banki

cartera

umufuka

bolsa de plástico

imifuko ya pulasitike

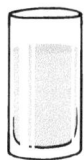

agua

amazi

jugo

umutobe

leche

amata

bebida cola

koka

vino

divayi

cerveza

byeri

alcohol

inzoga

cacao

shokora ishyushye

té

icyayi

café

ikawa

café expreso

ikawa ya esipereso

cappuccino

kapucino

banana

umuneke

manzana

pome

naranja

icunga

melón

wotameloni

limón

indimu

zanahoria

karoti

ajo

tungurusumu

bambú

umugano

cebolla

urutunguru

champiñón

icyoba

nueces

ubunyobwa

fideos

amakaroni

tallarines

spageti

arroz

umuceri

ensalada

salade

papas fritas

udufiriti

papas fritas

ibirayi by'ifiriti

pizza

piza

hamburguesa

hamburugeri

sándwich

sanduwici

churrasco

escalope

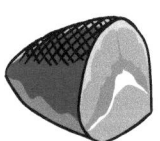

jamón

jambo

salame

salami

salchicha

sosiso

pollo

inkoko

asado

kotsa

pescado

ifi

copos de avena

igikoma cy'uburo

muesli

pisitashi

copos de maíz

impeke

harina

ifu

medialuna

kuruwasa

pancito

amandazi

pan

umugati

tostada

umugati wumishijwe

galletitas

ibisuguti

manteca

amavuta

cuajada

forumaje year

torta

keke

huevo

igi

huevo frito

umureti

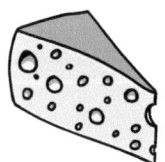

queso

forumaje

helado

ayisikirimu

azúcar

isukari

miel

ubuki

mermelada

konfitire

pasta de chocolate

shokora

curry

kiri

granja
ifamu

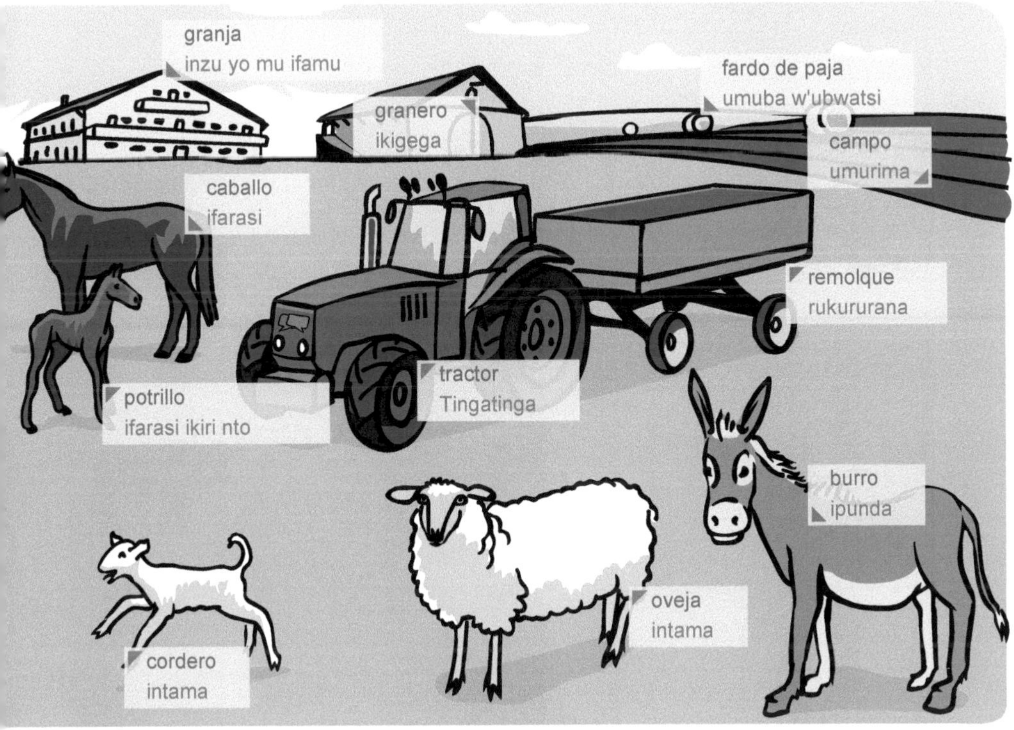

granja
inzu yo mu ifamu
granero
ikigega
fardo de paja
umuba w'ubwatsi
campo
umurima
caballo
ifarasi
remolque
rukururana
tractor
Tingatinga
potrillo
ifarasi ikiri nto
burro
ipunda
oveja
intama
cordero
intama

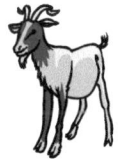

cabra

ihene

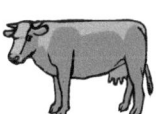

vaca

inka

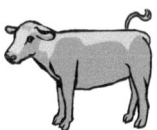

ternero

umutavu

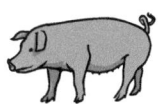

cerdo

ingurube

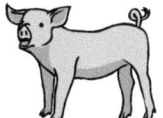

lechón

ikibwana k'ingurube

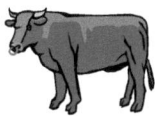

toro

ikimasa

ganso

igishuhe

pato

imbata

pollo

umushwi

gallina

inkokokazi

gallo

isake

rata

imbeba

gato

injangwe

ratón

imbeba

buey

ikimasa

perro

imbwa

cucha

ikiruka

manguera

itiyo ijyana mu karima

regadera

arozuwari

guadaña

najuru

arado

imashini ihinga

hoz

najuru

azada

isuka

horquilla

rato

hacha

ishoka

carretilla

ingorofani

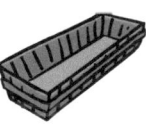

abrevadero

ikibumbiro

lechera

inkongoro

bolsa

igunira

reja

urugo

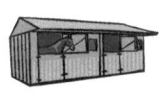

establo

ikiraro

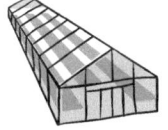

invernadero

inzu ihingwamo

suelo

ubutaka

semilla

imbuto zo gutera

fertilizador

ifumbire

cosechadora

imashini isarura

cosechar
gusarura

cosecha
umusaruro

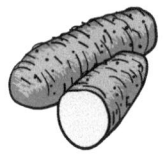

batatas
ibikoro

trigo
ingano

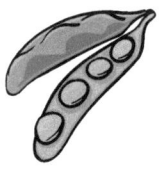

soja
soya

papa
ikirayi

maíz
ikigori

semilla de colza
umwayi weze

árbol frutal
igiti k'imbuto

mandioca
umwumbati

cereales
impeke

casa
inzu

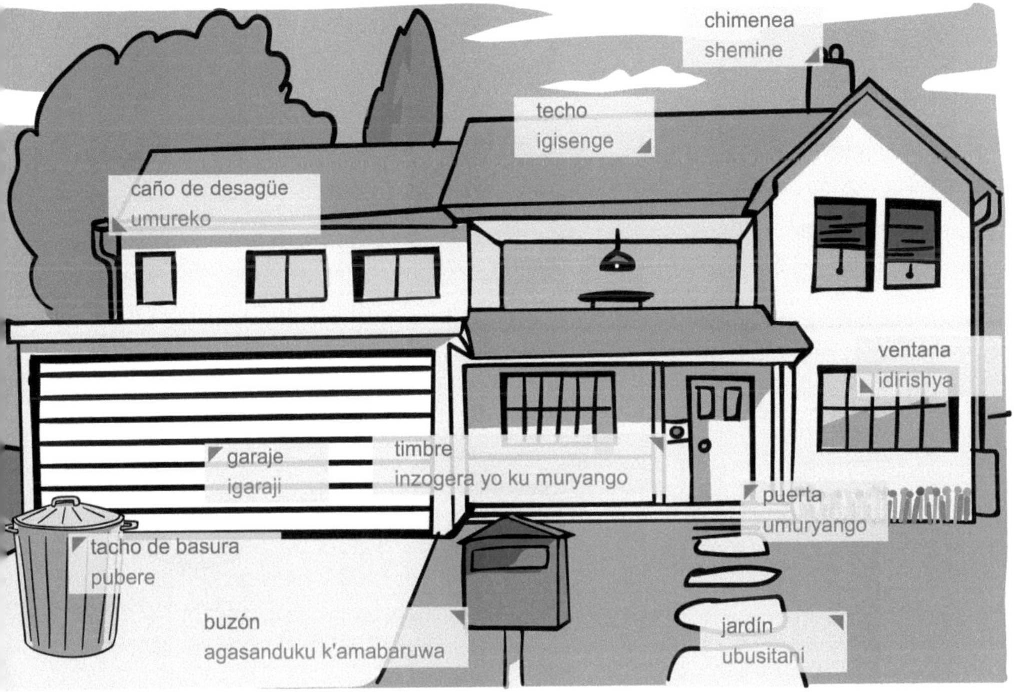
chimenea
shemine
techo
igisenge
caño de desagüe
umureko
ventana
idirishya
garaje
igaraji
timbre
inzogera yo ku muryango
puerta
umuryango
tacho de basura
pubere
buzón
agasanduku k'amabaruwa
jardín
ubusitani

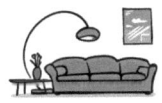

living

icyumba cy'uruganiriro

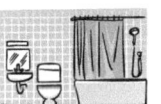

baño

ubwogero

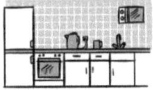

cocina

igikoni

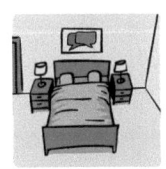

dormitorio

icyumba cyo kuraramo

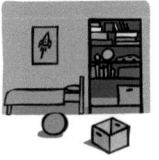

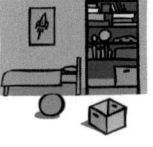

cuarto de los chicos

icyumba cy'abana

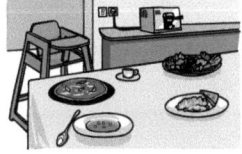

comedor

uburiro

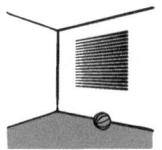

piso

hasi

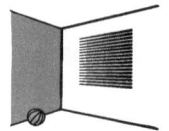

pared

urukuta

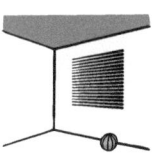

cielorraso

purafo

sótano

kave

sauna

sawuna

balcón

urubaraza

terraza

ku rubaraza

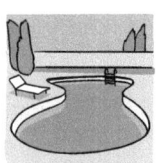

pileta

pisine

cortadora de pasto

imashini ikupakupa

sábana

umwenda utwikira

acolchado

kuvureri

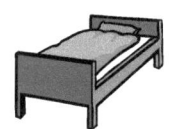

cama

igitanda

escoba

umweyo

balde

indobo

interruptor

enteributeri

living
icyumba cy'uruganiriro

empapelado
urupapuro rwomekwa ku rukuta
imagen
ifoto
lámpara
itara
estante
etajere
armario
akabati
televisión
televiziyo
chimenea
shemine
flor
indabo
almohadón
umusego
sofá
ifoteyi nini
florero
icyungo k'indabo
control remoto
terekomande

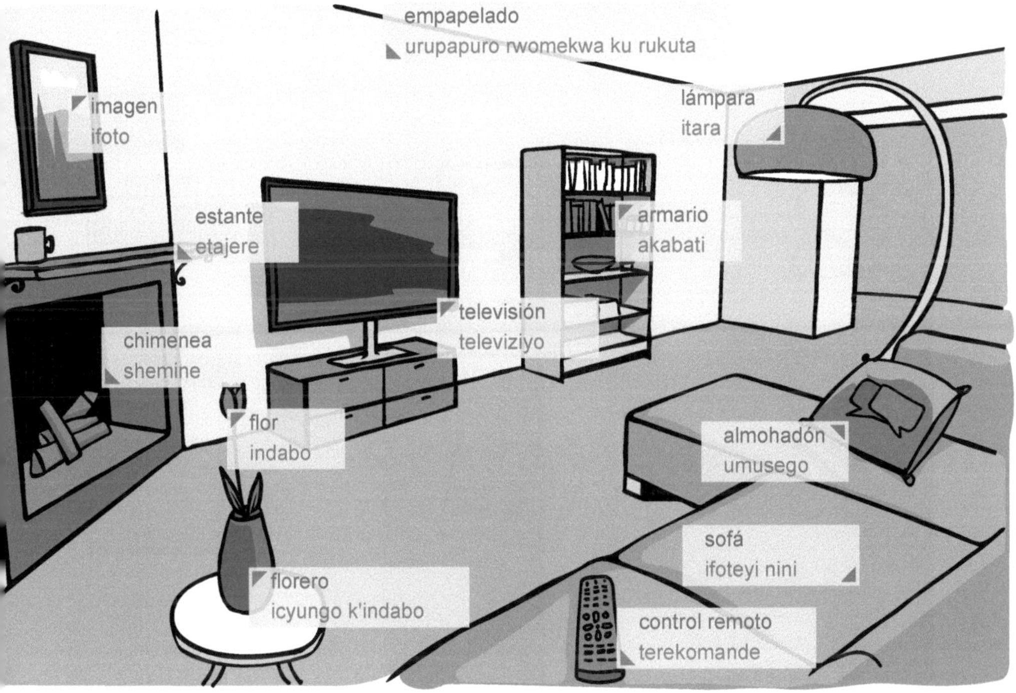

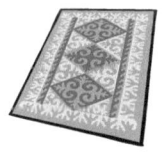

alfombra
itapi

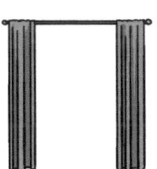

cortina
rido

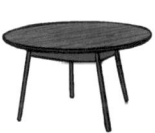

mesa
ameza

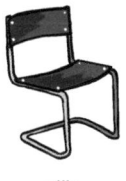

silla
intebe

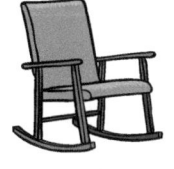

mecedora
intebe yizengurutsa

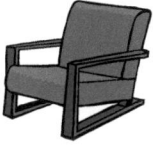

sillón
ifoteyi

libro

igitabo

frazada

uburingiti

decoración

umutako

leña

inkwi

película

filimi

equipo de música

ibikoresho bya hifi

llave

urufunguzo

diario

ikinyamakuru

pintura

ishusho

póster

icyapa

radio

iradiyo

cuaderno

ikarine

aspiradora

umweyo wa kizungu
ukoresha umwka

cactus

ikimungu

vela

buji

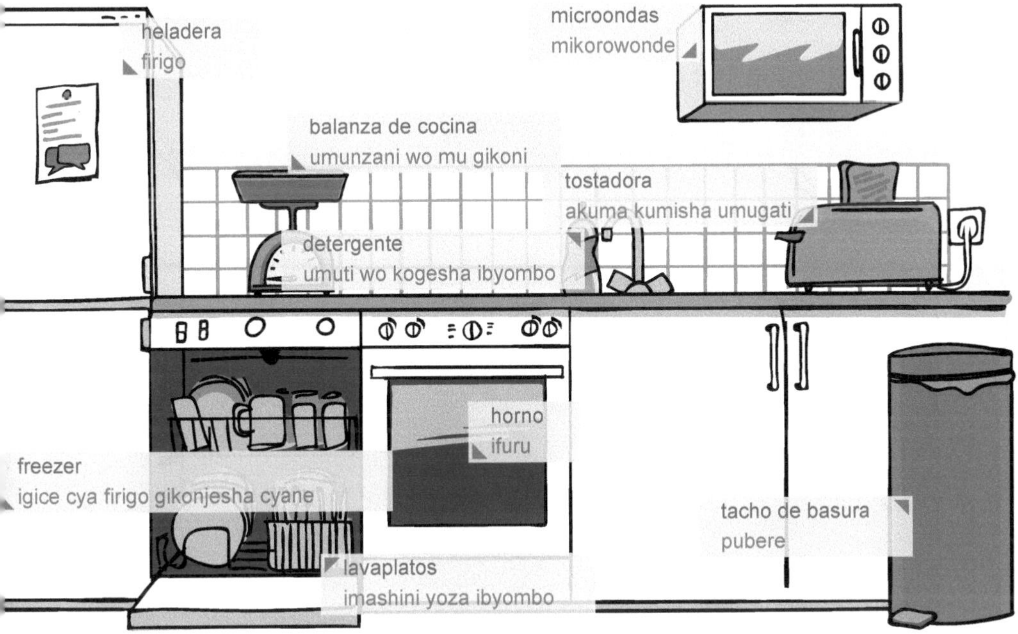

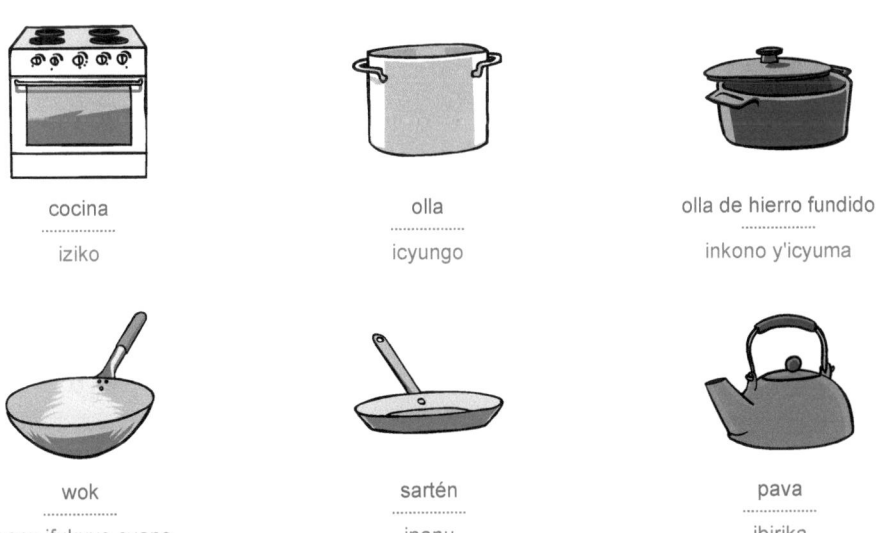

heladera
firigo

microondas
mikorowonde

balanza de cocina
umunzani wo mu gikoni

tostadora
akuma kumisha umugati

detergente
umuti wo kogesha ibyombo

horno
ifuru

freezer
igice cya firigo gikonjesha cyane

tacho de basura
pubere

lavaplatos
imashini yoza ibyombo

cocina	olla	olla de hierro fundido
iziko	icyungo	inkono y'icyuma

wok	sartén	pava
ipanu ifukuye cyane	ipanu	ibirika

vaporera

isafuriya ya peresiyo

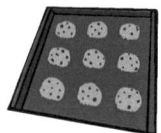

bandeja de horno

isahani yo mu ifuru

vajilla

ibyombo

taza

igikombe

bol

isorori

palitos

uduti abashinwa barisha

cucharón

ikiyiko kigabura

estpátula

Ikiyiko cyarura ifiriti

batidora

umutozo

colador

paswari

colador

akayunguruzo

rallador

agaharuzo ka karoti

mortero

isekuru

parrilla

icyokezo

fogata

shomine

tabla de picar

akabaho ko gukatiraho imboga

palo de amasar

umwuko

sacacorchos

urufunguzo rwa divayi

lata

agakopo

abrelatas

urufunguzo rw'amakopo

manopla

umukondo w'icyungo

pileta

ravabo

cepillo

uburoso

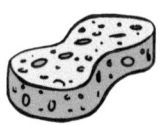

esponja

iponji

batidora

mixer

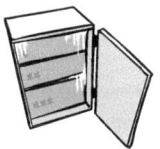

congelador

firigo itambitse

mamadera

bibero

canilla

robine

baño

ubwogero

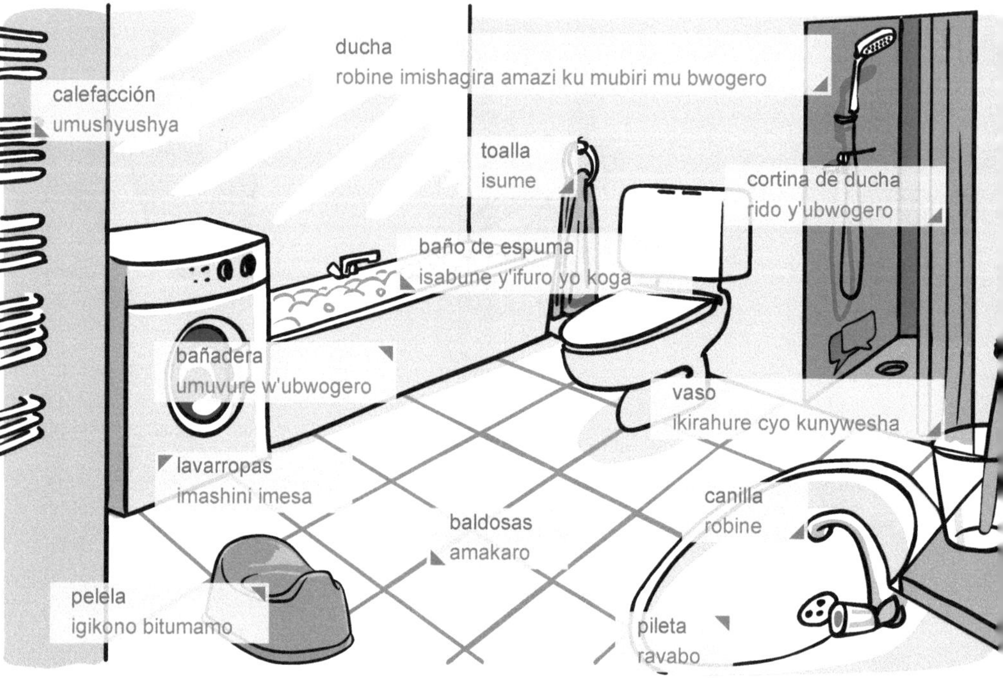

ducha
robine imishagira amazi ku mubiri mu bwogero
calefacción
umushyushya
toalla
isume
cortina de ducha
rido y'ubwogero
baño de espuma
isabune y'ifuro yo koga
bañadera
umuvure w'ubwogero
vaso
ikirahure cyo kunywesha
lavarropas
imashini imesa
canilla
robine
baldosas
amakaro
pelela
igikono bitumamo
pileta
ravabo

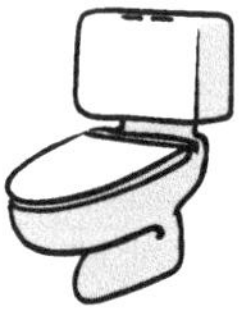

inodoro

ubwiherero

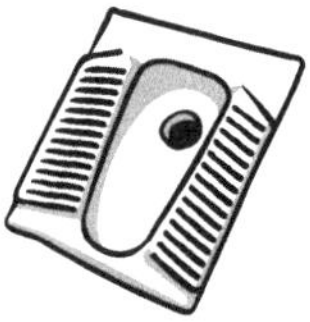

letrina

umusarani wo gusutama

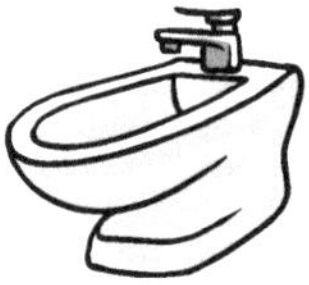

bidé

igikono cy'ubwiherero bwo mu nzu

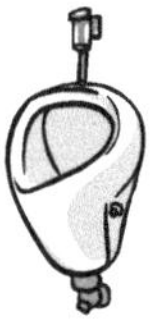

mingitorio

aho bihagarika

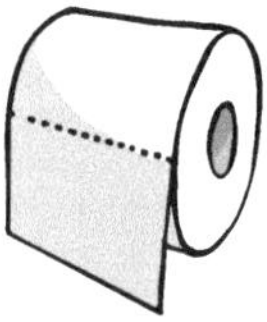

papel higiénico

papiyejenike

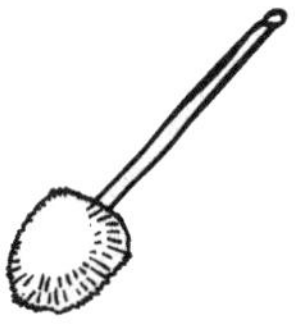

cepillo para el inodoro

uburoso bwo mu bwiherero

cepillo de dientes

uburoso bw'amenyo

dentífrico

korogati

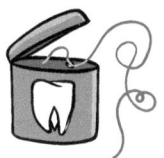

hilo dental

akagozi ko kwihaganyuza
amenyo

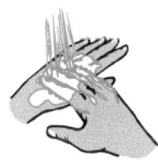

lavar

gukaraba

ducha de mano

akamishagira amazi ku
mubiri bafata mu ntoki

ducha higiénica

ubwogero bw'amazi yisuka

palangana

vabo bakarabiramo intoki

cepillo para espalda

uburoso bwo kwitsiritisha
mu mugongo

jabón

isabune

gel de ducha

isabune yo mu bwogero

shampoo

isabune yo kumeshesha
umusatsi

toallita

icyangwe cyo kwiyuhagiza

desagüe

kuyobora amazi yanduye

crema

ikimuri

desodorante

umubavu

espejo

ikirori cyo mu ntoki

espejito

ikirori cyo mu ntoki

maquinita de afeitar

urwembe

espuma de afeitar

ifuro ryo kurinda imiburu

aftershave

umuti ukingira imiburu

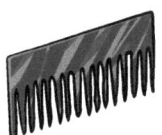

peine

igisokozo

cepillo

uburoso

secador de pelo

imashini yumisha umusatsi

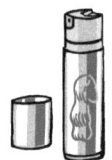

spray

amarashi y'umusatsi

maquillaje

igishahuro cyo kwitera

lápiz de labios

rujalevure

esmalte para uñas

verini y'inzara

algodón

ipamba

tijera para uñas

agasena inzara

perfume

umubavu

portacosméticos
gafuka k'ibikoresho byo
mu bwogero

banqueta
intebe

balanza
umunzani

bata
ikanzu yo kujyana mu
bwogero

guantes de goma
udupfukantoki two
gusukuza

tampón
urubindo

toallita femenina
udupapuro two
vihanaguza mu bwiherero

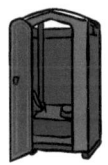

baño químico
ubwiherero bwimukanwa

cuarto de los chicos
icyumba cy'abana

despertador
inzogera y'isaha ikangura
peluche
igipupe gikoze mu myenda
coche de juguete
udukinisho tw'imodoka
sonajero
ikinyuguri
casa de muñecas
inzu y'ibipupe
regalo
impano

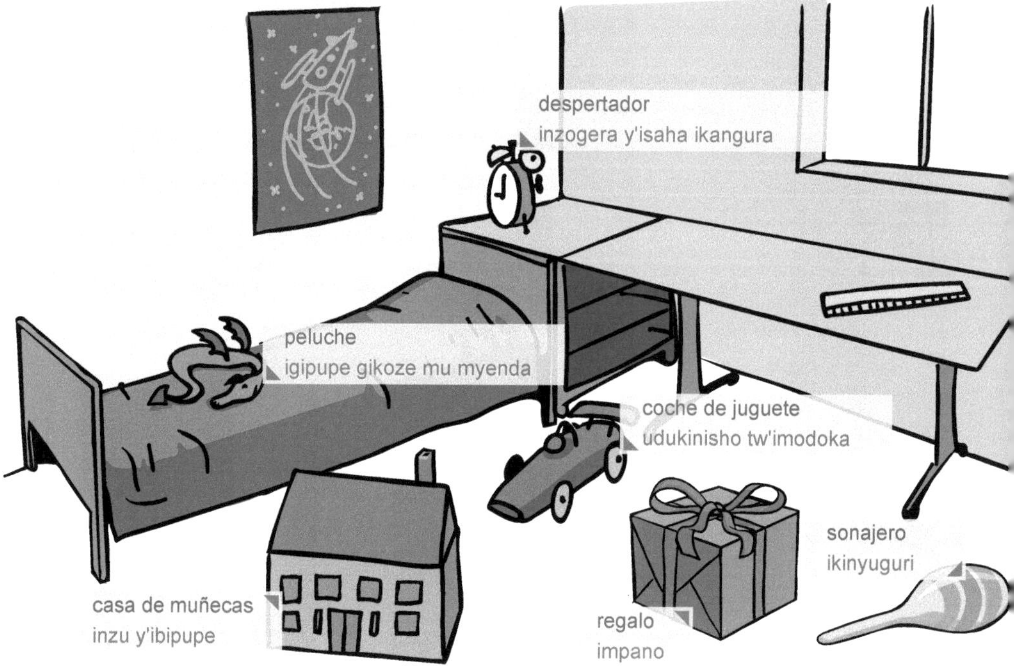

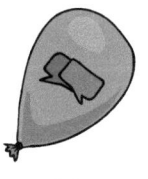

globo

ballon

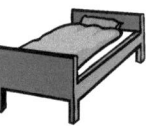

cama

igitanda

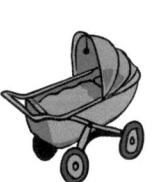

cochecito

agapusipusi

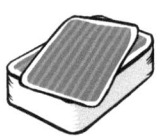

cartas

amakarita

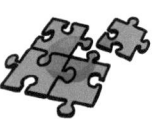

rompecabezas

kubaka ishusho bacagaguye

historieta

inkuru isetsa

piezas de lego

gucomekanya udutafari

ladrillos de juguete

udutafari tw'udukinisho

figura de acción

igikinisho

enterito (de bebé)

ipinjama y'uruhinja

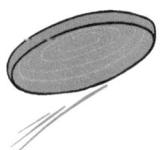

frisbee

gutera indege

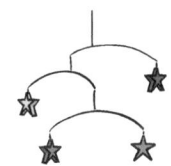

móvil para bebés

terefoni ngendanwa

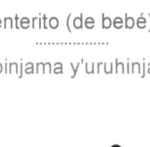

juego de mesa

imikino yo kuganiriraho

dados

igisoro

tren eléctrico

gariyamoshi y'igikinisho

chupete

ikinyonyo

fiesta

umunsi mukuru

libro de cuentos ilustrado

arubumu

pelota

umupira

muñeca

agapupe

jugar

gukina

arenero

igikarito cy'umucanga

hamaca

urwicundo

juguetes

ibikinisho

consola de videojuegos

agasanduku k'imikino yo
kuri videwo

triciclo

akagare k'imipine itatu

osito de peluche

igipupe k'ibyoya

armario

akabati k'imyenda

ropa

imyambaro

medias

amasogisi

medias panty

amasogisi afatanye n'ikariso

calzas

kora

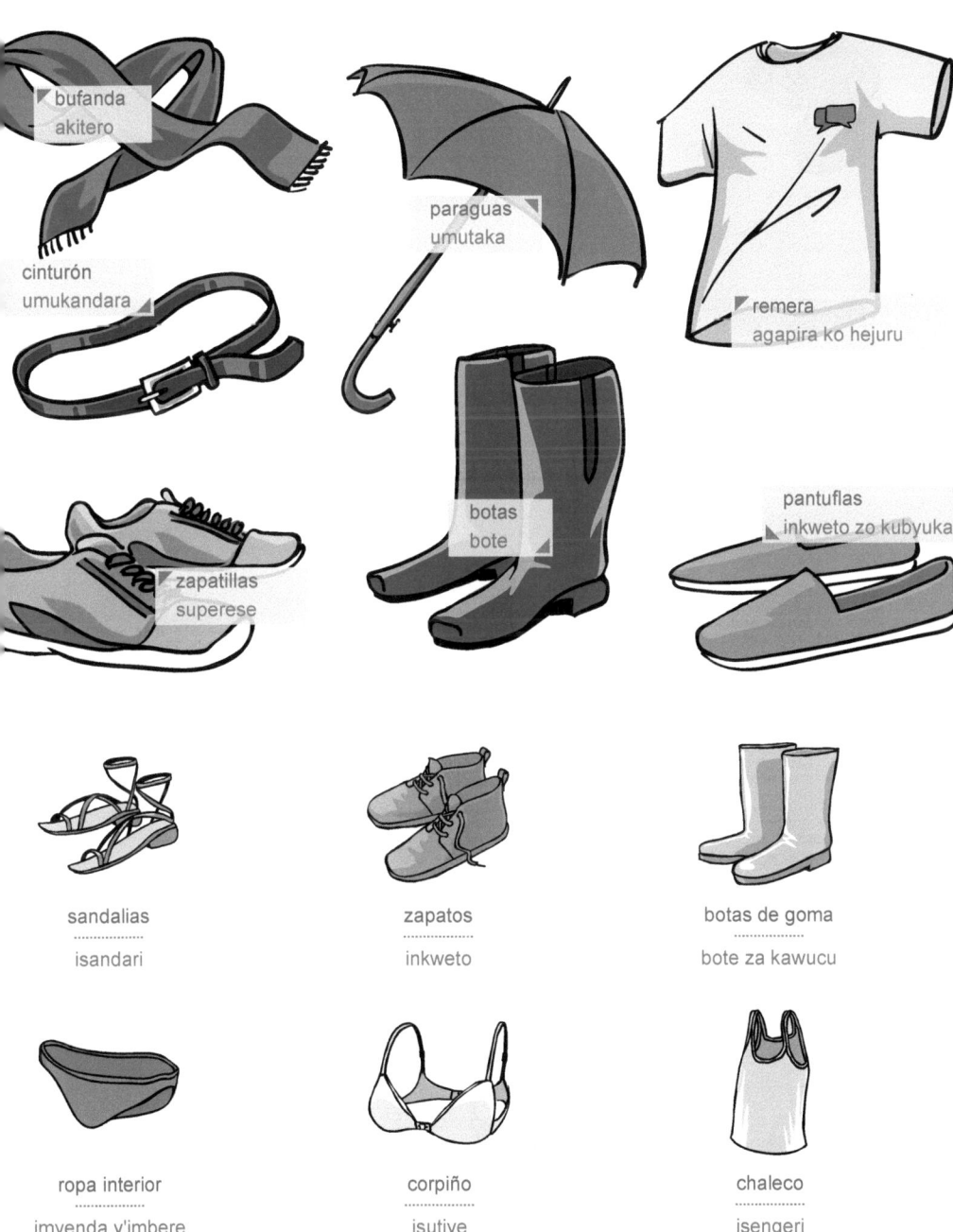

bufanda
akitero

paraguas
umutaka

remera
agapira ko hejuru

cinturón
umukandara

pantuflas
inkweto zo kubyukana

botas
bote

zapatillas
superese

sandalias	zapatos	botas de goma
isandari	inkweto	bote za kawucu
ropa interior	corpiño	chaleco
imyenda y'imbere	isutiye	isengeri

body	pantalones	jeans
body	ipantalo	ikoboyi

pollera	blusa	camisa
ijipo	ishati y'abagore	ishati

pulóver	buzo	blazer
umupira w'imbeho	umupira w'ingofero	agakoti

campera	tapado	piloto
ijaketi	ikoti	ikoti ry'imvura

traje	vestido	vestido de novia
umwambaro w'ibikino	ikanzu	ikanzu y'abageni

traje

kostitimu

camisón

ikanzu yo kurarana

pijama

ipinjama

sari

nukenyero w'abahindikazi

pañuelo para cabeza

igitambaro cyo mu mutwe

turbante

urugori

burka

umwitandiro uhisha isura

caftán

ikanzu ndende

abaya

igishura

traje de baño

imyenda yo kwidumbaguzanya

short de baño

ikariso yo kwidumbaguzanya

shorts

ikabutura

jogging

tereningi

delantal

itaburiya

guantes

udupfukantoki

botón

igipesu

anteojos

amadarubindi

pulsera

igikomo

collar

umukufi

anillo

impeta

aro

iherena

gorra

ingofero

percha

porutemanto

sombrero

ingofero

corbata

karuvati

cierre

imashini yo ku mwenda

casco

kasike

tiradores

amaburuteri

uniforme escolar

umwambaro w'ishuri

uniforme

impuzankano

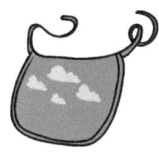

babero
agakingirankonda

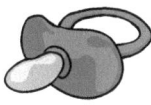

chupete
ikinyonyo

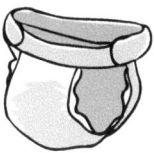

pañal
amaranje

oficina
ibiro

servidor
seriveri
archivero
akabati k'impapuro
impresora
empirimante
papel
urupapuro
monitor
ekara
mouse
suri
escritorio
ameza yo kwandikiraho
carpeta
karaseri
teclado
karaviye
silla
intebe
tacho (de basura)
pubere
computadora
mudasobwa

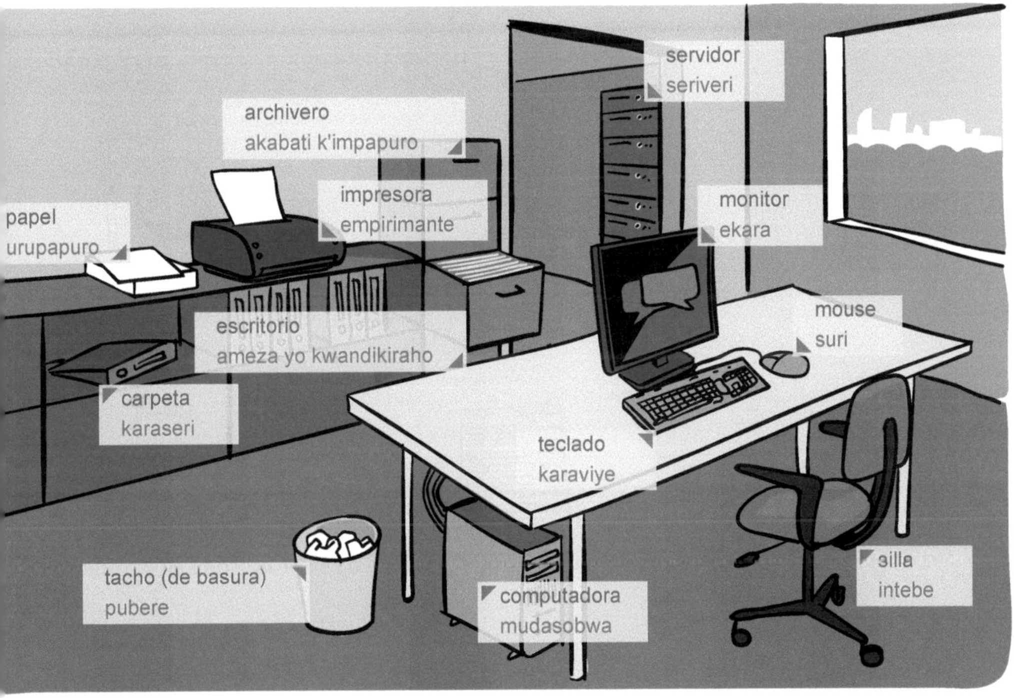

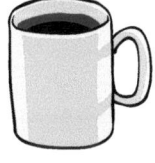

taza de café
igikombe k'ikawa

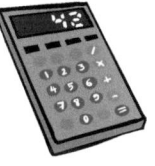

calculadora
akabarisho

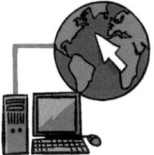

internet
enterineti

laptop
laputopu

carta
ibaruwa

mensaje
ubutumwa

celular
ngendanwa

red
netiwake

fotocopiadora
fotokopiyeze

software
porogaramu

teléfono
telefoni

tomacorriente
purize

fax
imashini yohereza fagisi

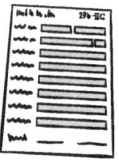

formulario
fomu

documento
inyandiko

comprar

kugura

pagar

kwishyura

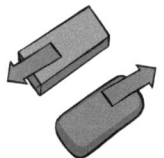

hacer negocios

gucuruza

dinero

amafaranga

 **USD**

dólar

idorari

 **EUR**

euro

iyero

 **JPY**

yen

iyeni

 **RUB**

rublo

irubure

 **CHF**

franco suizo

ifaranga ry'irisuwisi

 **CNY**

yuan

iriyuwani

 **INR**

rupia

irupi

cajero automático

icyuma cya banki
babikurizaho

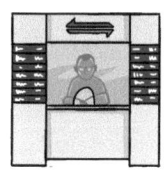

casa de cambio

ku muvunjayi

oro

zahabu

plata

feza

petróleo

peteroli

energía

ingufu z'amashanyarazi

precio

igiciro

contrato

kontaro

impuesto

tagisi

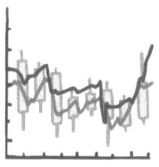

acción

isoko ryo kugura no
kugurisha

trabajar

gukora

empleado

umukozi

empleador

umukoresha

fábrica

uruganda

negocio

iduka

ocupaciones
imirimo

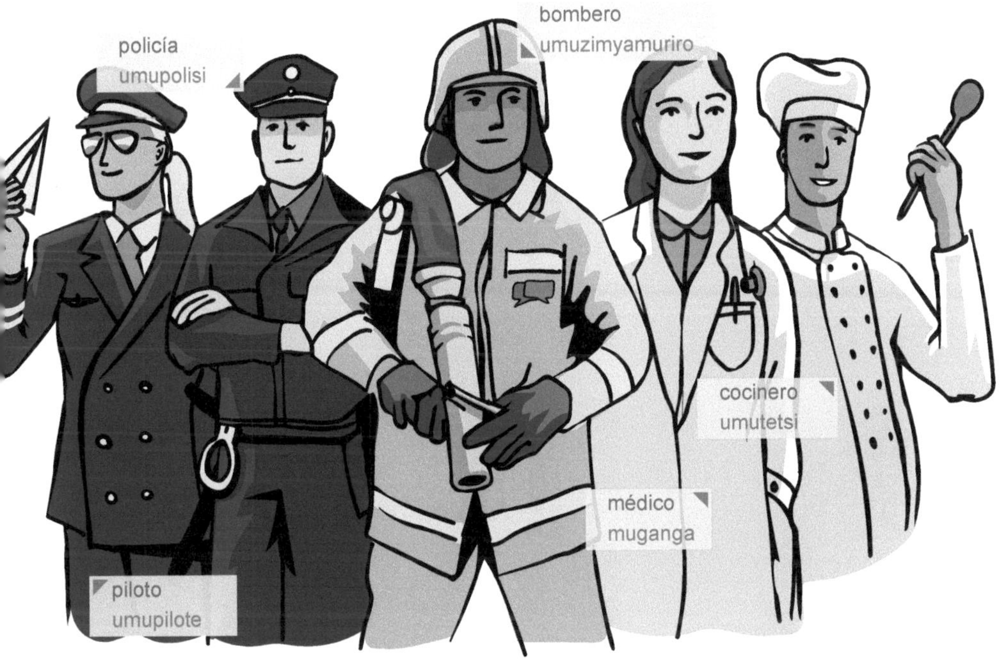

policía
umupolisi
bombero
umuzimyamuriro
cocinero
umutetsi
médico
muganga
piloto
umupilote

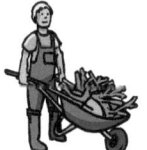

jardinero

umujaridiniye

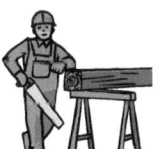

carpintero

umubaji

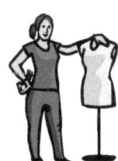

modista

umudozi

juez

umucamanza

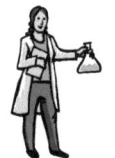

farmacéutico

umunyabutabire

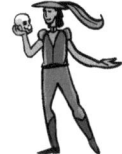

actor

umukinnyi wa filimi

colectivero

umushoferi wa bisi

taxista

umushoferi wa tagisi

pescador

umurobyi

mucama

umugore ushinzwe gukora
isuku

techista

umufundi usakara

mozo

umuseriveri

cazador

umuhigi

pintor

umuntu usiga irangi

panadero

Umuntu ukora imigati

electricista

Umuntu ukora mu
mashanyarazi

albañil

umufundi

ingeniero

injenyeri

carnicero

umubazi

plomero

umutnu ukora mu mazi

cartero

umuparanto

soldado

umusirikare

arquitecto

umwubatsi

cajero

umubitsi

florista

nuntu ukora mu by'indabo

peluquero

kimyozi

cobrador

komvuwayeri

mecánico

umukanishi

capitán

kapiteni

dentista

muganga w'amenyo

científico

umuhanga muri siyansi

rabino

rabi

imán

imamu

monje

umumwane

sacerdote

umuyobozi w'idini

herramientas
ibikoresho

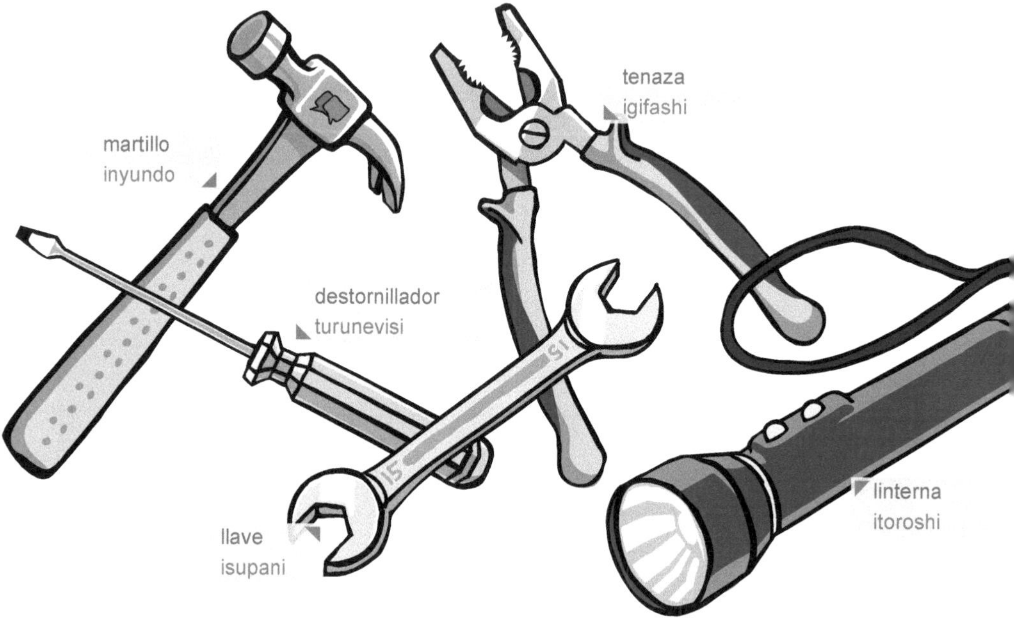
tenaza
igifashi
martillo
inyundo
destornillador
turunevisi
llave
isupani
linterna
itoroshi

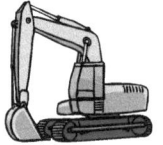

excavadora

ipiki

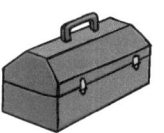

caja de herramientas

isanduku y'ibikoresho

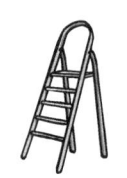

escalera portátil

urwego

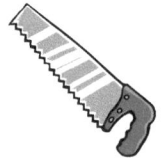

sierra

urukero

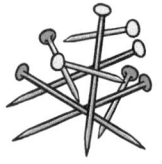

clavos

imisumari

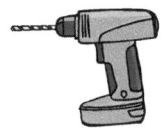

taladro

itindo

arreglar
gusana

pala de jardín
igitiyo

¡Qué bronca!
wo gacwa we

pala de plástico
igitiyo

tacho de pintura
igikombe k'irangi

tornillos
amavisi

instrumentos musicales
ibyuma by'umuziki

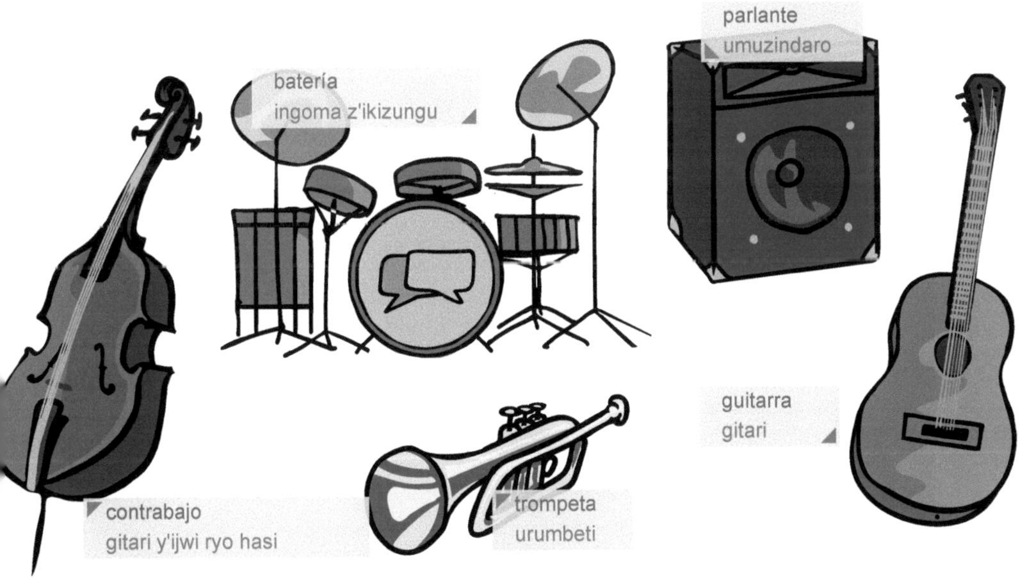

parlante
umuzindaro

batería
ingoma z'ikizungu

guitarra
gitari

contrabajo
gitari y'ijwi ryo hasi

trompeta
urumbeti

piano

piyano

violín

iningiri

bajo

gitari idunda

timbales

sembare

tambor

ingoma

teclado

inanga ya kizungu

saxofón

sagisofone

flauta

umwirongi

micrófono

indangururamajwi

zoológico

zoo

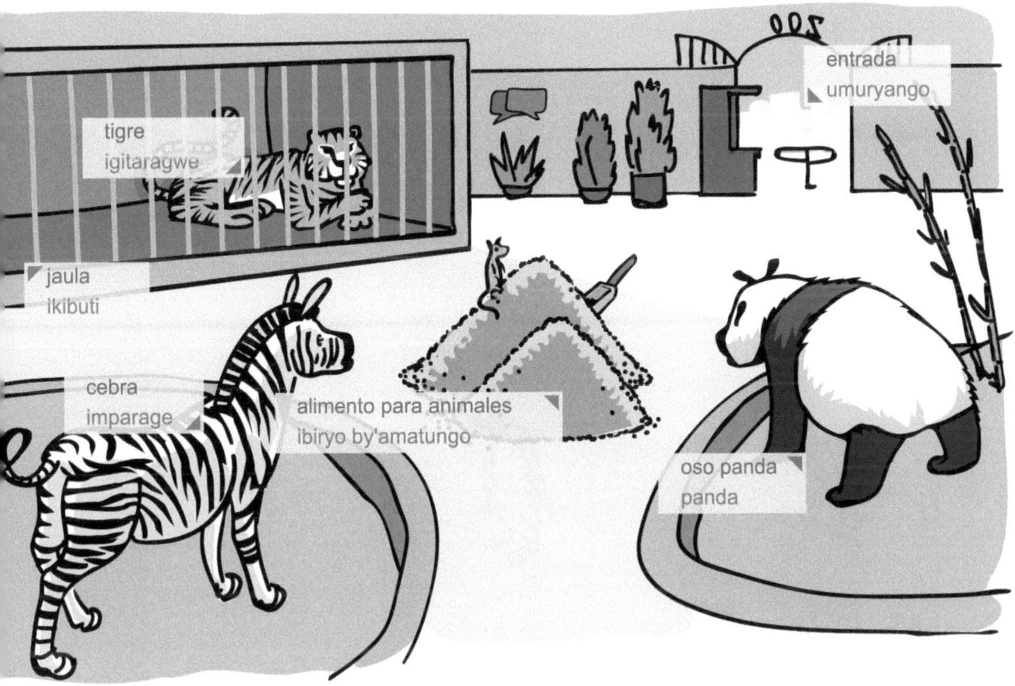

entrada
umuryango
tigre
igitaragwe
jaula
ikibuti
cebra
imparage
alimento para animales
ibiryo by'amatungo
oso panda
panda

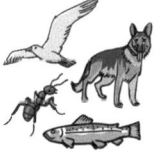

animales

inyamaswa

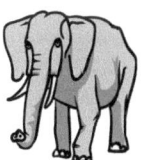

elefante

inzovu

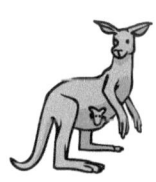

canguro

kanguru

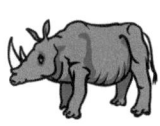

rinoceronte

inkura

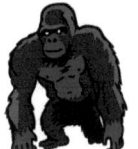

gorila

ingagi

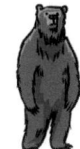

oso

idubu

camello

ingamiya

avestruz

imbuni

león

intare

mono

inguge

flamenco

uruyongoyongo

loro

gasuku

oso polar

idubu yo mu bukonie

pingüino

inyoni yo ku mazi

tiburón

igifi kinini

pavo real

inyoni y'amasunzu

serpiente

inzoka

cocodrilo

ingona

cuidador del zoológico

umurinzi

foca

umuhuri

jaguar

ingwe

poni

icyana k'ifarasi

leopardo

ingwe

hipopótamo

imvubu

jirafa

umusumbarembo

águila

inkona

jabalí

isatura

pescado

ifi

tortuga

akanyamasyo

morsa

igifi k'imikaka

zorro

umuhari

gacela

isha

zoológico - zoo

fútbol americano
Futuboro y'abanyamerika

ciclismo
gusiganwa ku magare

tenis
tenisi

básquet
Basiketi

natación
umukino wo koga

boxeo
umukino w'amakofe

hockey sobre hielo
Hoke yo ku rubura

fútbol

umupira w'amaguru

bádminton

umukino wa badminton

atletismo

abakina imikino
ngororamubiri

handball

handibolo

esquí

guserereka kuri neje

polo

polo

actividades
ibikorwa

reír
guseka
saltar
gusimbuka
abrazar
guhobera
caminar
kugenda
cantar
kuririmba
soñar
kurota
rezar
gusenga
besar
gusomana

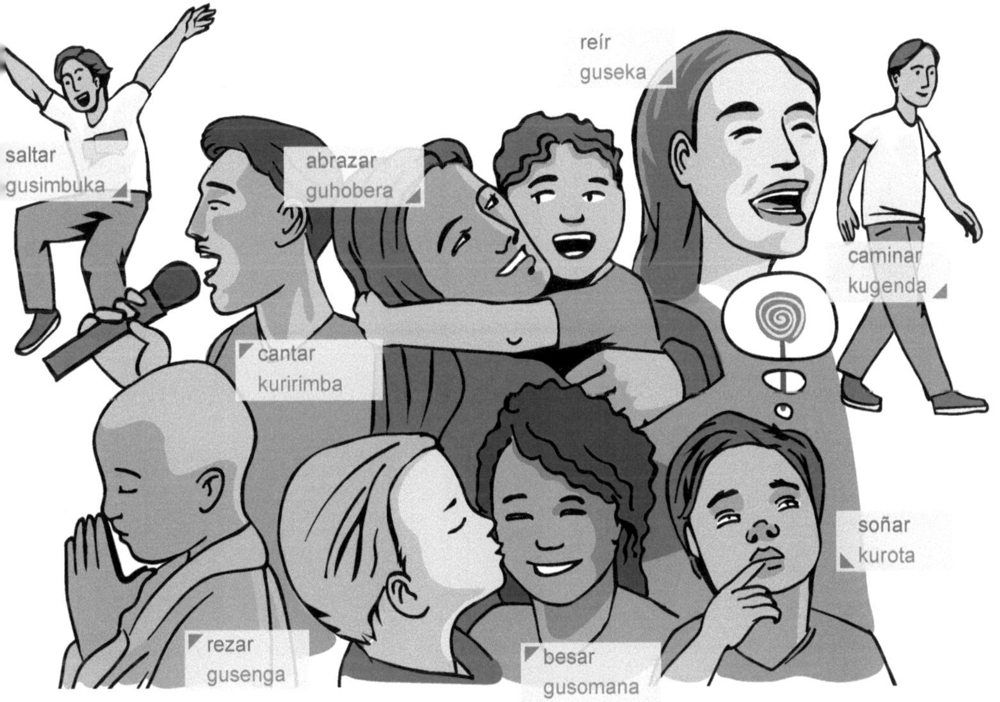

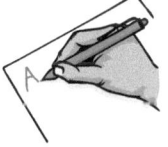

escribir

kwandika

dibujar

gushushanya

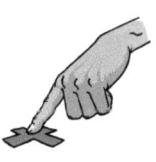

mostrar

kwerekana

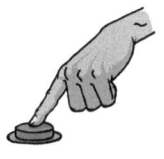

presionar

gusunika

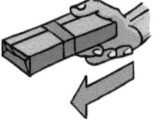

dar

gutanga

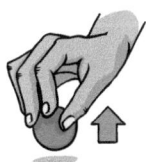

tomar

gufata

tener

kugira

hacer

gukora

ser

kuba

estar parado

guhaguruka

correr

kwiruka

tirar

gukurura

tirar

kujugunya

caer

kugwa

estar acostado

kuryama

esperar

gutegereza

llevar

kwikorera

estar sentado

kwicara

vestirse

kwambara

dormir

gusinzira

despertar

gukanguka

mirar

kureba

llorar

kurira

acariciar

kwagaza

peinar

gusokoza

hablar

kuvuga

entender

gusobanukirwa

preguntar

kubaza

escuchar

kumva

beber

kunywa

comer

kurya

ordenar

gushyira ku murongo

amar

gukunda

cocinar

guteka

manejar

gutwara imodoka

volar

kuguruka

navegar

kugashya

calcular

kubara

leer

gusoma

aprender

kwiga

trabajar

gukora

casarse

kurongora

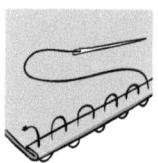

coser

kudoda

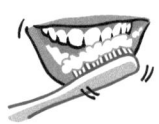

cepillarse los dientes

uburoso bw'amenyo

matar

kwica

fumar

kunywa itabi

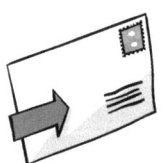

enviar

kohereza

familia
umuryango

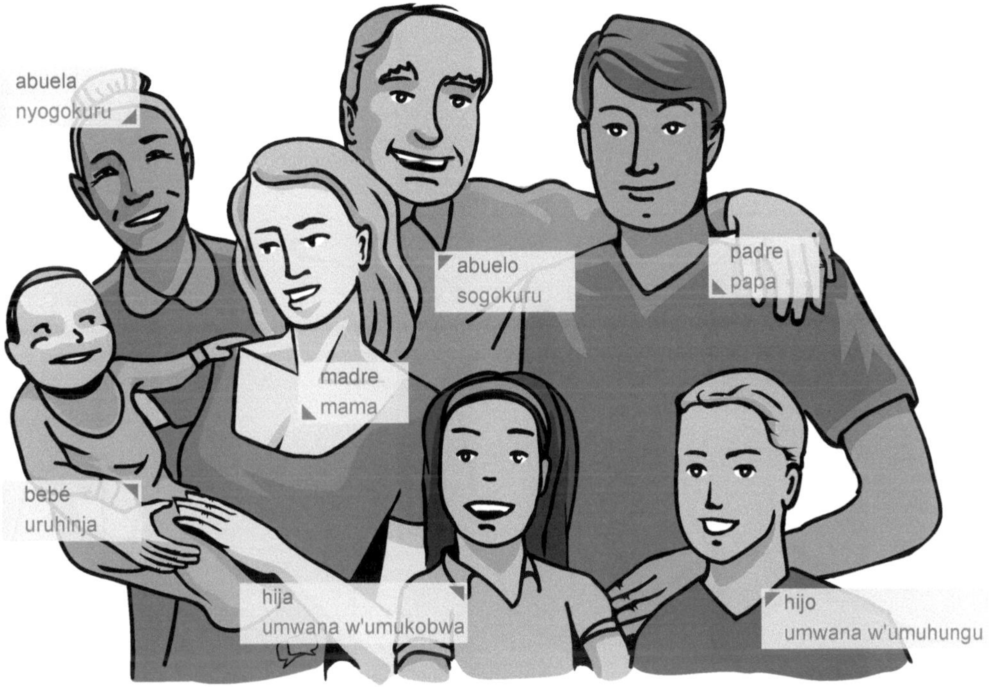
abuela
nyogokuru
abuelo
sogokuru
padre
papa
madre
mama
bebé
uruhinja
hija
umwana w'umukobwa
hijo
umwana w'umuhungu

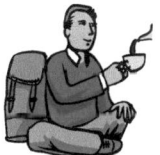

invitado

umushyitsi

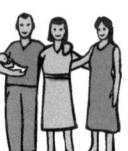

tía

masenge

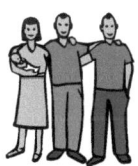

tío

marume

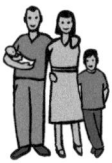

hermano

musaza wange

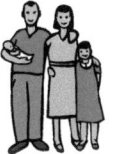

hermana

mushiki wange

cuerpo

umubiri

frente
agahanga k'imbere
ojo
ijisho
hombro
urutugu
dedo
urutoki
cara
isura
pera
akananwa
mano
ikiganza
pierna
ukuguru
pecho
ibere
brazo
ukuboko

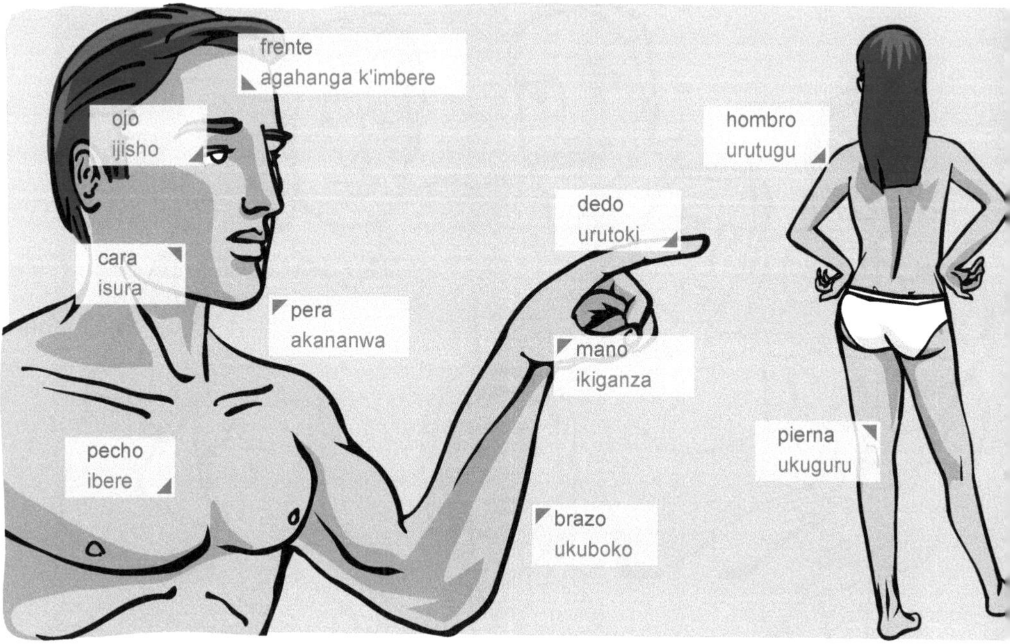

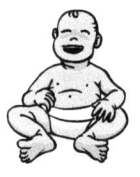

bebé

uruhinja

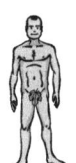

hombre

umugabo

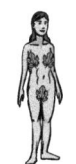

mujer

umugore

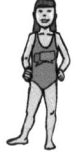

nena

umukobwa

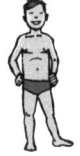

nene

umuhungu

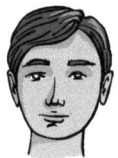

cabeza

umutwe

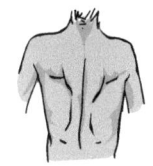

espalda

umugongo

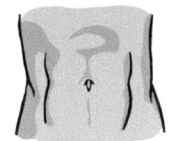

panza

inda

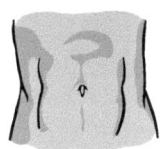

ombligo

umukondo

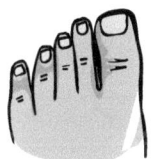

dedo del pie

ino

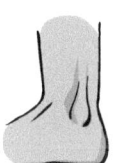

talón

agatsinsino

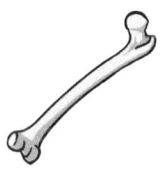

hueso

igufa

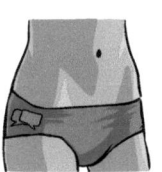

cadera

amayunguyungu

rodilla

ivi

codo

inkokora

nariz

izuru

cola

ikibuno

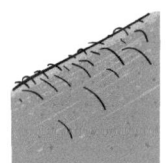

piel

uruhu

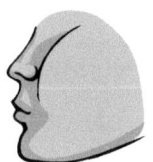

cachete

itama

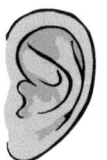

oreja

ugutwi

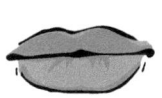

labio

umunwa

boca
mu munwa

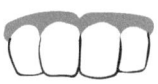

diente
iryinyo

lengua
ururimi

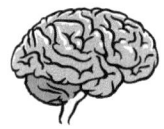

cerebro
ubwonko

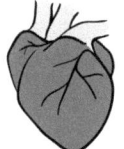

corazón
umutima

músculo
umutsi

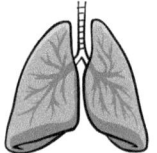

pulmón
ibihaha

hígado
umwijima

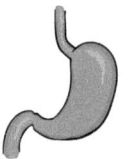

estómago
igifu

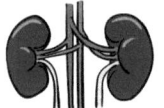

riñones
impyiko

sexo
igitsina

preservativo
agakingirizo

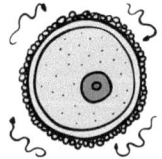

óvulo
intanga

semen
amasohoro

embarazo
gusama inda

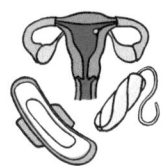

menstruación
imihango

vagina
igituba

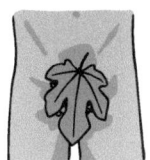

pene
imboro

ceja
ibitsike

pelo
umusatsi

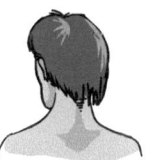

cuello
ijosi

hospital
ibitaro

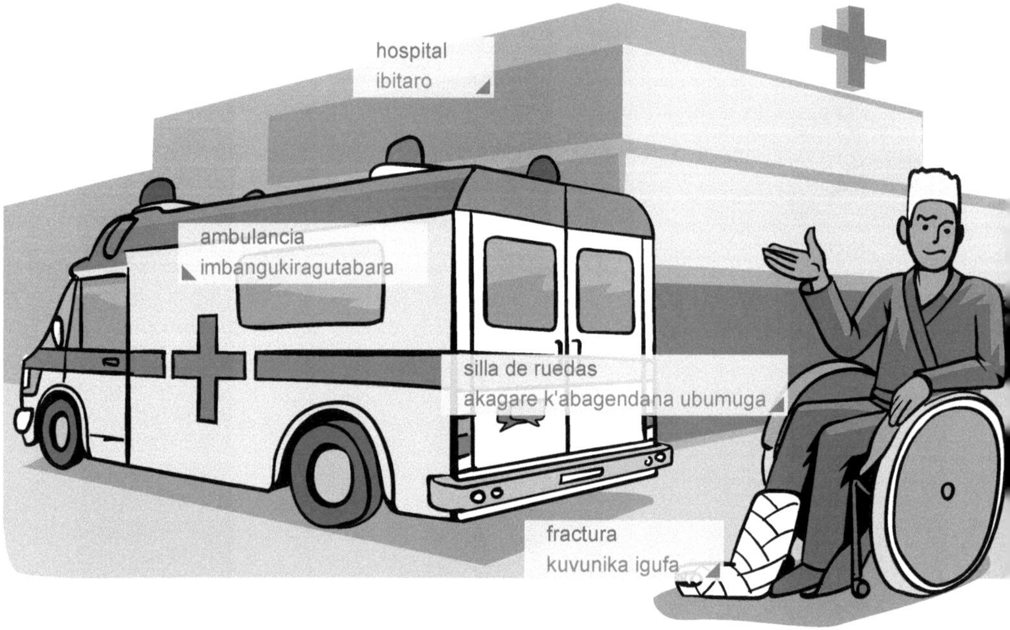

hospital
ibitaro
ambulancia
imbangukiragutabara
silla de ruedas
akagare k'abagendana ubumuga
fractura
kuvunika igufa

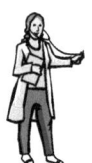

médico

muganga

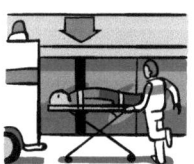

sala de guardia

icyumba k'indembe

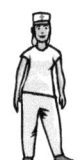

enfermera

umuforomo kazi

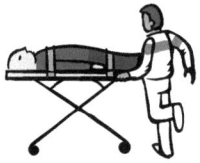

emergencia

mu ndembe

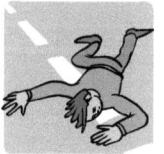

inconsciente

guta ubwenge

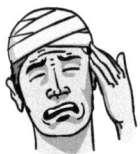

dolor

ububabare

lesión

igikomere

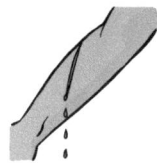

hemorragia

kuva amaraso

infarto

gufatwa n'umutima

ACV

kuziba k'udutsi two mu
bwonko

alergia

kwivumbura k'umubiri

tos

inkorora

fiebre

umuriro

gripe

ibicurane

diarrea

impiswi

dolor de cabeza

kurwara umutwe

cáncer

kanseri

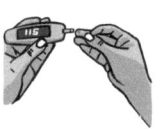

diabetes

diyabete

cirujano

muganga ubaga

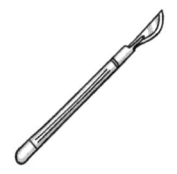

bisturí

icyuma kibaga umurwayi

operación

kubagwa

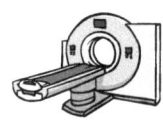

TC
ifoto yo mu cyuma

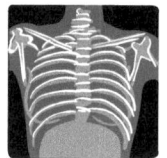

rayos x
radiyo

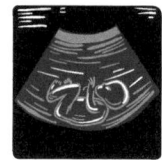

ecografía
isuzuma rikoresha amajwi

barbijo
agapfukamunwa

enfermedad
indwara

sala de espera
icyumba bategererezamo

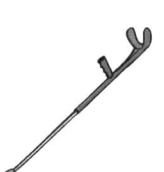

muleta
imbago yo kwicumba

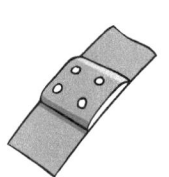

curita
pasema

venda
igipfuko

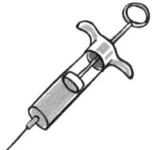

inyección
urushinge

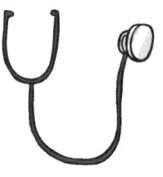

estetoscopio
igipimo cy'umutima

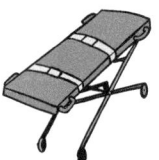

camilla
burankari

termómetro
igipimo cy'umuriro

nacimiento
ivuka

sobrepeso
umubyibuho ukabije

audífono
unganirangingo y'amatwi

desinfectante
umuti wica mikorobe

infección
ubwandu

virus
virusi

VIH / SIDA
Virusi itera sida / Sida

remedio
ubuganga

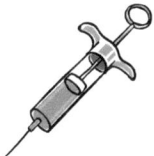

vacunación
gukingira

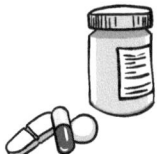

comprimidos
ibinini

pastilla anticonceptiva
ikinini

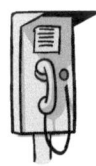

llamada de emergencia
guhamagara byihutirwa

tensiómetro
igenzura ry'umuvuduko
w'amaraso

enfermo / sano
urwaye / ufite amagara
meza

¡Ayuda!

Ntabara!

alarma

inzogera itabaza

agresión

gusagarira

ataque

igitero

peligro

icyateza amakuba

salida de emergencia

umuryango unyuramo ukiza
amagara

¡Fuego!

Inkongi!

matafuego

ikizimyamuriro

accidente

impanuka

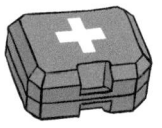

botiquín de primeros
auxilios

ibikoresho by'ubutabazi
bw'ibanze

SOS

induru itabaza

policía

polisi

Europa

Uburayi

América del Norte

Amerika y'Amajyaruguru

América del Sur

Amerika y'Amagepfo

África

Afurika

Asia

Aziya

Australia

Ositarariya

Atlántico

Atalantika

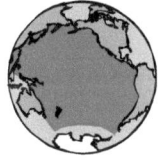

Pacífico

Oasifika

Océano Índico

Inyanja y'Abahinde

Océano Antártico

Inyanja y'Antagitika

Océano Ártico

Inyanja y'Arigitika

polo norte

Amajyaruguru y'Isi

polo sur

Amagepfo y'Isi

Antártida

Antaragitika

Tierra

Isi

tierra

ubutaka

mar

ikiyaga

isla

ikirwa

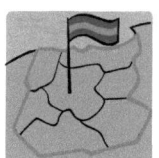

nación

igihugu

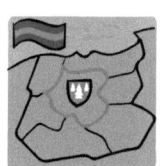

estado

leta

esfera

kadere y'isaha

manecilla de las horas

urushinge rw'amasaha

minutero

urushinge rw'iminota

segundero

ushinge rw'amasegonda

¿Qué hora es?

ni isaha ki?

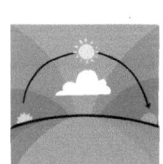

día

umunsi

hora

igihe

ahora

nonaha

reloj digital

isaha y'imibare

minuto

iminota

hora

amasaha

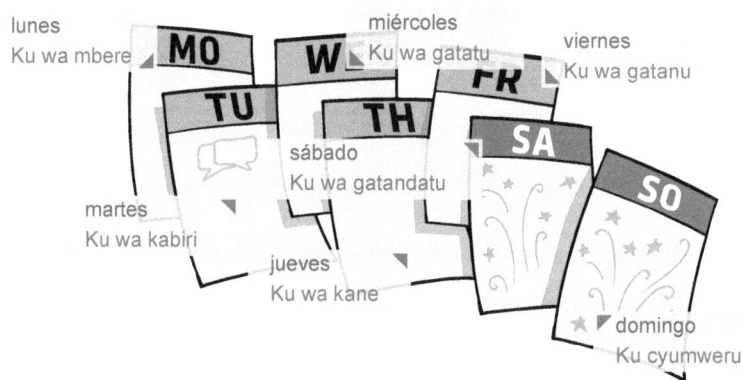

lunes
Ku wa mbere

miércoles
Ku wa gatatu

viernes
Ku wa gatanu

martes
Ku wa kabiri

sábado
Ku wa gatandatu

jueves
Ku wa kane

domingo
Ku cyumweru

ayer
ejo hashize

hoy
none

mañana
ejo hazaza

mañana
igitondo

mediodía
saa sita

tarde
ku mugoroba

días hábiles
iminsi y'akazi

fin de semana
wikendi

lluvia
imvura

arco iris
umukororombya

nieve
neje

viento
umuyaga

primavera
urugaryi

otoño
umuhindo

verano
iki

invierno
igihe cy'ubukonje

4.APRIL	11°	☀
5.APRIL	4°	☁
6.APRIL	13°	☁
7.APRIL	8°	❄
8.APRIL	10°	☀

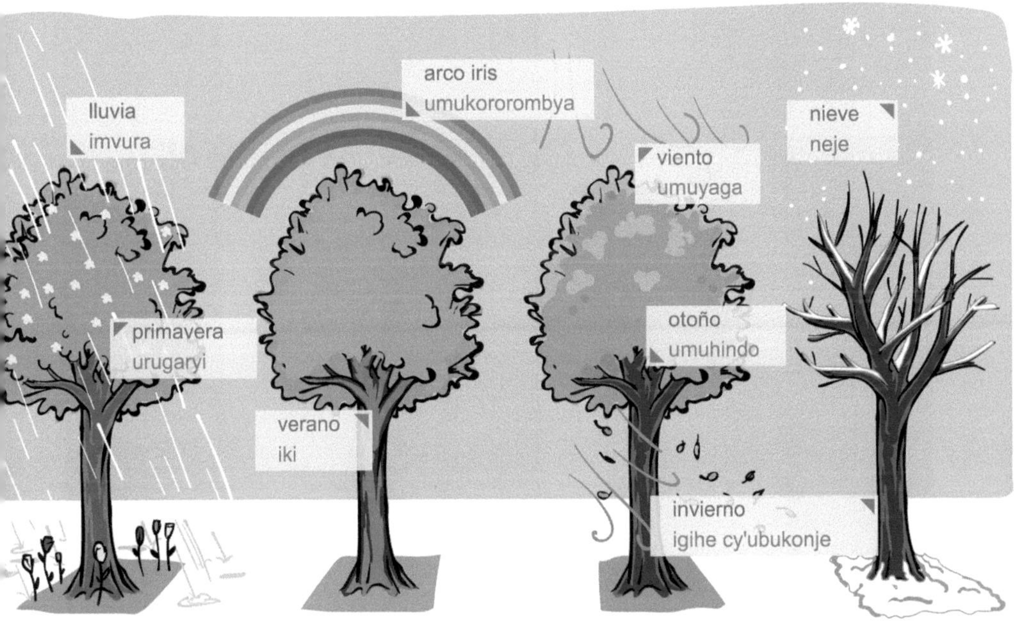

pronóstico meteorológico
....
iteganyagihe

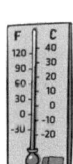

termómetro
....
igipimo cy'ubushyuhe

luz del sol
....
izuba rirashe

nube
....
ibicu

niebla
....
ibihu

humedad
....
ububobere

rayo

umurabyo

trueno

inkuba

tormenta

umuhengeri

granizo

urubura

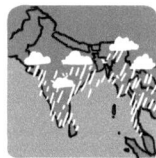

monzón

imiyaga ihuha iturutse mu
nyanja

inundación

umwuzure

hielo

barafu

enero

Mutarama

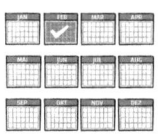

febrero

Gshyantare

marzo

Werurwe

abril

Mata

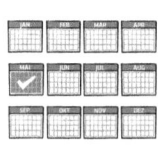

mayo

Gicurasi

junio

Kamena

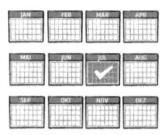

julio

Nyakanga

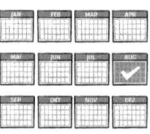

agosto

Kanama

año - umwaka

septiembre
....
Nzeri

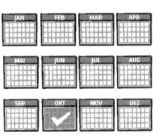

octubre
....
Ukwakira

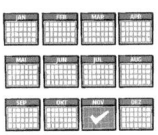

noviembre
....
Ugushyingo

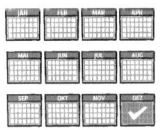

diciembre
....
Ukuboza

formas
amaforoma

círculo
....
uruziga

cuadrado
....
mpandenye

rectángulo
....
urukiramende

triángulo
....
mpandeshatu

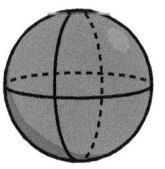

esfera
....
umubumbe

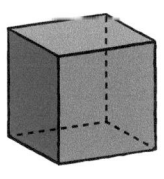

cubo
....
kibe

blanco

umweru

amarillo

umuhondo

naranja

oranje

rosa

iroza

rojo

umutuku

violeta

isine

azul

ubururu

verde

icyatsi kibisi

marrón

igihogo

gris

ikigina

negro

umukara

mucho / poco
byinshi / bike

enojado / tranquilo
urakaye / utuje

lindo / feo
mwiza / mubi

principio / fin
intangiriro / impera

grande / chico
kinini / gito

claro / oscuro
gikeye / kijimye

hermano / hermana
musaza / mushiki

limpio / sucio
gisukuye / cyanduye

completo / incompleto
kirangiye / kitarangiye

día / noche
umunsi / ijoro

muerto / vivo
wapfuye / muzima

ancho / angosto
hagari / hafunganye

comestible / no comestible

kiribwa / kitaribwa

malo / amable

umugome / ugwa neza

entusiasmado / aburrido

ushishikaye / warambiwe

gordo / flaco

ubyibushye / unanutse

primero / último

mbere / nyuma

amigo / enemigo

inshuti / umwanzi

lleno / vacío

cyuzuye / kirimo ubusa

duro / blando

gikomeye / cyoroshye

pesado / liviano

kiremeye / kitaremereye

hambre / sed

inzara / inyota

enfermo / sano

urwaye / ufite amagara
meza

ilegal / legal

kemewe n'amategeko /
kibujijwe n'amategeko

inteligente / estúpido

umunyabwenge / igicucu

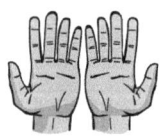

izquierda / derecha

iburyo / ibumoso

cerca / lejos

hafi / kure

nuevo / usado

gishya / cyakoze

nada / algo

nta kintu gihari / hari ikintu gihari

viejo / joven

ushaje / muto

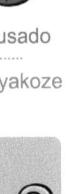

encendido / apagado

atsa / zimya

abierto / cerrado

gifunguye / gifunze

silencioso / ruidoso

ucecetse / usakuza

rico / pobre

ukize / ukennye

correcto / incorrecto

ni byo / si byo

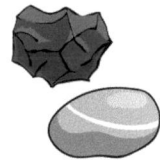

áspero / suave

hahanda / hahehereye

triste / contento

urakaye / wishimye

corto / largo

mugufi / muremure

lento / rápido

urandaga / wihuta

mojado / seco

utose / wumye

caliente / frío

ashyushye / ahoze

guerra / paz

intambara / amahoro

0

cero

zeru

1

uno

rimwe

2

dos

kabiri

3

tres

gatatu

4

cuatro

kane

5

cinco

gatanu

6

seis

gatandatu

7

siete

karindwi

8

ocho

umunani

9

nueve

icyenda

10

diez

icumi

11

once

cumi na rimwe

12

doce

cumi na kabiri

13

trece

cumi na gatatu

14

catorce

cumi na kane

15

quince

cumi na gatanu

16

dieciséis

cumi na gatandatu

17

diecisiete

cumi na karindwi

18

dieciocho

cumi n'umunani

19

diecinueve

cumi n'icyenda

20

veinte

makumyabiri

100

cien

ijana

1.000

mil

igihumbi

1.000.000

millón

miliyoni

idiomas
indimi

inglés

Icyongereza

inglés americano

Icyongereza
cy'Abanyamerika

chino mandarín

Igishinwa k'ikimandarini

hindi

Igihindi

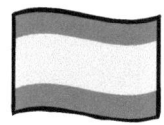

español

Ikesipanyoro

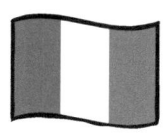

francés

Igifaransa

árabe

Icyarabu

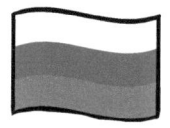

ruso

Ikirusiya

portugués

Igiporutigari

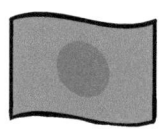

bengalí

Ikibengari

alemán

Ikidage

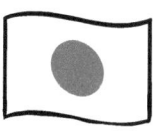

japonés

Ikiyapani

yo

ge

vos

wowe

él / ella

we / we / we

nosotros

twe

ustedes

mwe

ellos

bo

¿quién?

nde?

¿qué?

iki?

¿cómo?

gute?

¿dónde?

hehe?

¿cuándo?

ryari?

nombre

izina

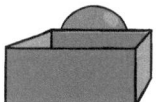

detrás

inyuma

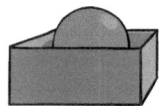

en

mo imbere

adelante de

imbere ya

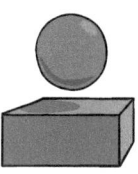

por encima de

hejuru ya

sobre

kuri

debajo de

munsi ya

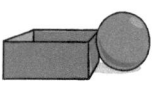

al lado de

iruhande

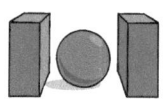

entre

hagati

lugar

ahantu